# FÚTBOL EN UNA NACIÓN DIVIDIDA

JOSÉ MIGUEL VILLARROYA

FÚTBOL EN UNA NACIÓN DIVIDIDA / José Miguel Villarroya
- 1ª edición.

LIBROFUTBOL.com, 2022.

176 páginas; 15,2 x 22,9 cm

ISBN 978-987-8943-02-2

1. Fútbol.
CDD 796.33409

**FÚTBOL EN UNA NACIÓN DIVIDIDA**
**de José Miguel Villarroya**

Cubierta: Luciano Medvetkin

Foto del autor: © José Miguel Villarroya



**ISBN 978-987-8943-02-2**

1ª edición: agosto 2022

ediciones@librofutbol.com

+54 9 11 2215 1982

librofutbol

Av. del Libertador 6898 – Nuñez – Ciudad de Buenos Aires – Argentina

# ÍNDICE

# PRÓLOGO

***Por Bruno Alemany***

Para un niño nacido en los años 80, poder ver fútbol alemán en directo los fines de semana era una pasada. Por aquel entonces, no existía ni siquiera el *pay per view*, aquella fórmula por la cual pagabas cerca de 2.000 pesetas y podías ver el partido que quisieras. En aquel momento, creo recordar, no teníamos ni siquiera Canal Plus, en casa. Es decir, mi capacidad para ver fútbol español se reducía a ir a ver en directo a mi equipo, el Castellón, al Estadio Castalia y ver el partido que ofrecían las Autonómicas todos los sábados a las 22h00, más los partidos europeos que diera Televisión Española entre semana.

Los locos por el fútbol de aquella época, comprábamos periódicos, incluso alguna revista caía alguna vez y nos imaginábamos cómo debían jugar aquellos teóricos cracks, como Bergkamp, Baggio o Matthäus. Sin embargo, hubo una época (no puedo encuadrarla exactamente en un periodo de tiempo concreto) en la que la autonómica valenciana ofrecía los partidos de la Bundesliga en directo. Si mi memoria no me falla, eran los sábados a mediodía. Fue así como me enganché al fútbol alemán. Era muy guay llegar al colegio y saber quién era Bruno Labbadia. Conocer la simple existencia del Karlsruhe. Haber visto el último gol de Anthony Yeboah. Saber quién era y, remotamente, cómo jugaba Adolfo 'el tren' Valencia cuando llegó a España, porque ya lo había visto en la Bundesliga. Crear, en definitiva, mitos futbolísticos en mi cabeza con los Chapuisat, Ziege, Sforza o Sammer.

Fue así como me enganché al fútbol alemán. Y hasta hoy. Alemania es el fiel reflejo que fútbol y política van e irán siempre de la mano. Cualquier decisión política importante ha tenido su eco en el fútbol alemán, como

bien explica José Miguel Villarroya en este libro. No he escuchado nunca a nadie hablar con la pasión y el conocimiento que él lo hace sobre el fútbol en la RDA. La manera en que la Alemania Oriental vivía se podía entender, directamente, a través de su fútbol y de cómo concebían el deporte.

Este libro es una pieza imprescindible para responder a muchas preguntas fundamentales sobre el fútbol en un país que es casi el fútbol en sí mismo: el país de los cuatro Mundiales, el país del Bayern Múnich.

# INTRODUCCIÓN

Un 22 de junio de 1974 sentado ante el televisor veía un partido del Mundial de ese año, concretamente se enfrentaban la República Federal Alemana (RFA) y la República Democrática Alemana (RDA), con victoria para esta última. Veía el partido fundamentalmente porque en la RFA jugaba Franz Beckenbauer, futbolista que hizo que el Bayern se convirtiera en mi segundo equipo tras el Real Madrid. En ese momento no era consciente de que estaba viviendo lo que los historiadores llamamos una paradoja de la historia respecto de mi vida.

Los noventa minutos mostraban lo que sería mi vida posterior. Estudié alemán porque siempre, no sé porque, me apasionó la historia de Alemania, ello me llevó a vivir tres años en la RDA, seguir su fútbol, como antes hacía con la Bundesliga. Tras la reunificación tuve el honor de conocer a Franz Beckenbauer, le apodaban Der Kaiser, y la figura del Kaiser Guillermo II, en quien centré buena parte de mis investigaciones en Historia, me acompaña desde hace más de treinta años, más o menos el tiempo que llevo escribiendo y analizando el fútbol alemán. Mi vida en noventa minutos.

Este no es, sin embargo un libro sobre mi vida, sino una historia del fútbol alemán en un periodo crucial de su historia contemporánea, el momento en que la nación alemana estaba dividida en dos países. Utilizo el término *deutsche Nation* (Nación alemana) porque en Alemania se aplica en un sentido más étnico y cultural que político, y ambos países se consideraban parte de la nación alemana.

El libro se inicia con un primer capítulo sobre la historia del fútbol en Alemania desde sus orígenes hasta el final de la Segunda Guerra Mundial. Capítulo que he creído necesario, ya que la historia del mismo es bastante desconocida en estos lares y pienso que es importante conocerla para entender los capítulos restantes.

Tras un capítulo sobre el periodo de la ocupación, el libro ya se divide en analizar cada país por separado. Soy consciente de que los clubes y jugadores de la RFA son más conocidos para el gran público, por lo que he considerado en aras a que cupiese más información en citarlos brevemente, así como la participación de los mismos en competiciones internacionales y de la selección, salvo partidos clave, al existir ya mucha literatura sobre los mismos.

Los historiadores tenemos claro desde los tiempos de Heródoto y Tucídides, que debemos eliminar los mitos de los relatos históricos. Precisamente es lo que he pretendido en este libro al analizar el fútbol en la RDA, cargado, al igual que la historia del país, de mitos que buscan más menospreciar y minimizar los logros deportivos obtenidos, que hacer un análisis serio y crítico de los mismos.

Como periodista deportivo y aficionado al fútbol sé que éste levanta pasiones; por ello es posible que algunos aficionados o seguidores de algún club alemán, consideren que su equipo aparece poco o está poco tratado. Sin que sirva de disculpas, el libro tiene una extensión y un formato que hace que sea imposible realizar un estudio sistemático de todos los clubes y jugadores del fútbol alemán desde sus inicios hasta la reunificación. No obstante el responsable de que no aparezcan, si bien he intentado nombrar a los máximos posibles, recae en la persona de quien esto escribe, y de ahí mis disculpas por adelantado.

Finalmente no quiero dejar de agradecer a Mauro Medvetkin y Alberto Cosin de LibroFútbol por otorgarme el placer de poder escribir este libro y hacerlo con absoluta libertad, a mi compañero y amigo Bruno Alemany por el magnífico prólogo que antecede a esta obra, y a mi amigo de décadas, Alberto Martínez, por tener la deferencia de leerse los manuscritos y hacerme importantes indicaciones, así como mantener buenas tertulias sobre los mismos; así mismo a todos aquellos que a lo largo de los años he conocido en el cometido de seguir el fútbol alemán, bien sea en persona o a través de las redes sociales.

# CAPÍTULO I

## EL FÚTBOL ALEMÁN DE SUS ORÍGENES A 1945

El fútbol surgió en Alemania en la segunda mitad del siglo XIX, y al igual que en el resto del mundo fue una importación desde Gran Bretaña, pero a diferencia de otros lugares, en Alemania no fue desarrollado por ciudadanos británicos que vivieran en territorio alemán, si no que fue impulsado por ciudadanos alemanes que lo vieron en sus viajes a Gran Bretaña.

En sus inicios el fútbol en Alemania se enfrentó a dos importantes dificultades. La primera fue de índole político; la unificación alemana se había producido recientemente, el país vivía en un ambiente nacionalista importante y el fútbol se percibía como un deporte extranjero que no tenía ninguna tradición alemana, por lo que fue visto con prevención y recelo por buena parte de la población alemana. La segunda, que tiene una importante relación con la primera, fue que el deporte alemán por excelencia era la gimnasia, que formaba parte de la historia nacional alemana. Las *Turnverein* (Sociedades gimnásticas) poblaban todas las ciudades alemanas; fundadas en 1811 por Friedrich Ludwig Jahn, tenían como objetivo la salud y preparar a los jóvenes para resistir la ocupación napoleónica, por lo que estas sociedades se convertirían en algo más que asociaciones deportivas, eran un símbolo nacional.

Estas dificultades se vieron reflejadas en la fundación de clubes de fútbol. Los primeros grupos, ya que no puede llamarse equipos, surgieron en los *Gymnasiums* (institutos de secundaria) creados

por profesores que conocían el fútbol por estancias o viajes a Gran Bretaña. El primero de ellos fue creado en 1873 por Konrad Koch profesor del Instituto Martino-Katharineum de Braunchsweig, con estudiantes del mismo. Fueron estos estudiantes de los institutos quienes crearon dentro de las Turnvereins secciones de fútbol, que con el paso del tiempo se escindirían de la asociación de gimnasia para fundar equipos de fútbol propiamente dichos.

El primer equipo de fútbol que puede denominarse como tal, fue el Dresden English F.C fundado por ciudadanos británicos que vivían en la ciudad. El hecho de que fuera un equipo formado exclusivamente por británicos, hace que en Alemania no se le considere el primer equipo de futbol alemán.

Este pasado gimnástico se puede apreciar en las abreviaturas que aparecen delante o detrás de los nombres de los equipos actuales de la Bundesliga. La mayoría llevan las siglas *e.v* en minúscula que se refieren a un club registrado, muchos otros terminan poniendo el año exacto de su fundación Dortmund 09, Leverkusen 04. Otros llevan una *S* (Sport), una *T* por Turnen (gimnasia), *L* por Leibesübungen (ejercicios físicos), *B* por Bewegunsspiele (movimiento físico) o Ballspiele (juego de balón). Son varios los equipos que tienen juntas varias de estas siglas. Los equipos que se formaron ajenos a las asociaciones gimnásticas normalmente solo llevan la palabra *Klub, Verein* (V), *Union* (U), o *Gemeinschaft* (G).

Al crearse los clubes de fútbol muchos de ellos adoptaron nombres acorde al sentimiento nacionalista que se vivía en una Alemania recientemente unificada, de este modo surgen los nombres *Borussia* (Prusia en latín), *Germania, Teutonia*, o bien de las ciudades o regiones en que se creaban *Sachsen, Bayern, Leipzig*. Algunos utilizaron nombres de dioses romanos *Fortuna o Viktoria*, y los menos los colores de la camiseta con la que jugaban *Rot Weiss, Blau Weiss*.

La expansión del fútbol por la geografía alemana se verá favorecida por dos factores: el primero de ellos fue la extensa red ferroviaria que atravesaba el país, y que permitía realizar desplazamientos de forma rápida y sencilla; y el segundo fue la revolución industrial que provocó un importante éxodo de la población a las ciudades y centros industriales, lo que favoreció que más gente conociera este deporte, así como el surgimiento de nuevas clases sociales que no se sentían a gusto en las sociedades de gimnasia y vieran el fútbol como un fenómeno nuevo y más democrático.

En la década de los ochenta se fundan varios clubes de fútbol, especialmente en el norte de Alemania y la zona de Berlín. La mayoría de estos clubes tendrán una vida muy breve, desapareciendo pocos años después de su fundación. De esta década es el BFC Germania fundado en 1888 en Berlín y que sigue existiendo en la actualidad, por lo que es el club más antiguo de los que disputan competiciones en Alemania. Al año siguiente, y también en Berlín, se funda el Viktoria Berlín, quien también sigue activo en la actualidad.

El principal problema para el desarrollo del fútbol en Alemania era encontrar lugares donde poder jugar los partidos, ya que no existían campos de juego específicos para el fútbol. Los espacios abiertos eran utilizados por las asociaciones de gimnasia, y los parques públicos servían para las paradas militares, que se realizaban a diario en todas las ciudades alemanas. Esta circunstancia fue la causa que en un principio el fútbol en Alemania se desarrollase principalmente en tres áreas geográficas. La primera fue la zona de Berlín, que por su crecimiento como capital del Imperio, poseía importantes espacios abiertos que permitía la práctica del fútbol. La segunda fue la zona Bremen-Hamburgo, que se benefició del empuje de Karl Korch y sus asociaciones. Y finalmente la ciudad de Leipzig, que creó a principios de los noventa una sección de fútbol en su Asociación Gimnástica, que finalmente se escindió en mayo de 1896 para fundar el VfB Leipzig (en época de la RDA, Lokomotiv Leipzig). Será en Berlín donde se funde la primera Asociación de Fútbol Alemán en 1892, que creó un torneo entre los equipos de la ciudad y que ganó en sus dos primeras ediciones el Viktoria Berlín.

La expansión por el sur de Alemania es responsabilidad de uno de los pioneros en el desarrollo y creación de clubes de fútbol Walther Bensemann (1873-1934). Hijo de empresarios judíos, estudia en Suiza (Montreaux) donde conoce el fútbol. A su vuelta a Alemania su familia se instala en Karlsruhe, y junto con un grupo de estudiantes y amigos, funda en 1893 el Karlsruhe Kickers al que intenta dotar de un mínimo de profesionalidad, aunque se distanciará por

divergencias con otros miembros y el club desaparece en 1895. Bensemann viaja por varios lugares del sur de Alemania para ayudar a crear y fundar clubes de fútbol, especialmente en la zona de Mannheim, Baden-Baden y Stuttgart (equipo que se funda en 1893); en 1898 ayuda a fundar el MTV München de donde saldrá el 27 de febrero de 1900 el Bayern München.

Bensemann ayudará a crear en 1893 la Asociación de Fútbol de Alemania del Sur, primera asociación fuera del área de Berlín y que tendrá vigencia hasta 1895, y en 1900 ayudó a la formación del Frankfurter Kickers, que será precursor del Eintracht Frankfurt actual. En 1920 fundó y fue primer director de la revista *Kickers*, que se sigue publicando en la actualidad.

Una de las principales aportaciones de Bensemann fue la organización de los llamados "partidos originales" celebrados entre 1899 y 1901 y que enfrentó a selecciones alemanas (especialmente jugadores de equipos berlineses, y algunos de la zona de Hamburgo y el Karlsruhe), que jugaron contra equipos franceses y británicos. Estos partidos no están reconocidos ya que no se había creado aún la FIFA. En 1899 jugarán en París contra el equipo parisino del White Rovers París, y perderán los dos partidos (0-7 y 1-2). En 1901 jugará contra equipos ingleses en Berlín, Praga y Karlsruhe perdiendo todos por amplias goleadas. A pesar de las críticas por estas derrotas, sirvieron para dar a conocer el fútbol a muchos alemanes.

Si en Bensemann se encuentra un creador y organizador, el aspecto teórico del fútbol en Alemania es desarrollado por Philipp Heineken (1873-1959) jugador de rugby y posteriormente de fútbol en el Cannstatter Football Club (fundado en 1890, hoy un barrio de la ciudad de Stuttgart) y más tarde en el FV Stuttgart (1893 y precursor del actual VfB Stuttgart).

Heinekken publicó en 1894 el *Allgemeinen Deutschen Sportzeitung* (Revista deportiva alemana), en la cual irá escribiendo artículos sobre el fútbol en sus aspectos teóricos y tácticos. En esta publicación al año siguiente redacta un importante artículo para el desarrollo del fútbol en Alemania *Fussball, seine Geschichte und Taktik* (Fútbol, su historia y su táctica) que servirá de referente para todos aquellos que fundarán y desarrollarán clubes de fútbol.

Más importante, si cabe, fue la publicación en 1898 del libro *Das Fussballspiel* (El Partido de Fútbol) donde no solo escribe sobre la táctica y la técnica del juego, sino que explica y asesora sobre los materiales necesarios para poder practicar el fútbol.

Es en la década de los noventa cuando empiezan a proliferar los departamentos de fútbol dentro de las asociaciones de gimnasia. En un principio la convivencia entre ambos fue excelente, pero con el paso del tiempo fueron surgiendo dificultades que provocaron la salida de los departamentos de fútbol para fundar clubes de fútbol propiamente dichos. Este será el caso del Karlsruher Phoenix en 1894, del Eintracht Braunschweig y Viktoria Hamburgo en 1895, y del Hannover 96 en 1896 entre otros. Algunos se fundaron de forma autónoma como fue el caso del Hertha Berlín fundado el 25 de junio de 1892 por los hermanos Fritz y Max Linder, junto a sus socios, los también hermanos Otto y Willy Lorenz. El nombre lo toman del barco de vapor en que había viajado uno de ellos.

A finales de la década de los noventa y la primera del siglo XX la tolerancia entre los gimnastas y los futbolistas dentro de las asociaciones se hace cada vez más insoportable, ya que los futbolistas no aceptan los *Principios de las Sociedades Gimnastas Alemanas*, y quieren tener unas normas propias. La situación se agravará con el ascenso al trono del Káiser Guillermo II en 1888, que adoptó una política mucho más nacionalista a partir de la segunda mitad de los años noventa, enfatizando que el deporte debía tener un “diseño nacional” para poder ser aceptado como club o entidad deportiva. Este aspecto afectará principalmente al fútbol por sus raíces británicas, por lo que el intento de las asociaciones de gimnasia de germanizar las reglas de los departamentos de fútbol provocará la salida de los mismos de las asociaciones.

Esta es la razón por la cual la mayoría de los clubes de fútbol alemanes se fundaron en la primera década del siglo XX. En la ciudad de Mönchengladbach en 1899 un grupo de jóvenes se escinden del Sportverein Germania y se reúnen en la taberna “Anton Schmitz” para fundar el F.C. Borussia (precedente del Gladbach actual). El 2 de junio de 1900 se fusiona el Germania 1896 y el FC Kaiserslautern, para formar el FV 1900 Kaiserslautern. El 6 de

marzo de 1899 un grupo de jugadores escindidos de la asociación München 1848, fundan el TSV 1860 München.

El 4 de febrero de 1899 un grupo de 16 escolares fundan el Werder von 1899, más conocido como FV Werder, que en 1914 adoptará su nombre actual Werder Bremen. El F.C Nürnberg se crea el 4 de mayo de 1900 por un grupo de estudiantes de secundaria, que se reúnen en la posada Burenhütte. El 27 de febrero de 1900 varios jugadores del MTV München se reúnen en la posada Bäckerhofl para protestar por la decisión del club de no adherirse a la Asociación de Fútbol de Alemania del Sur. Once de ellos se reúnen ese día más tarde en la posada Gisela y fundan el F.C Bayern. En 1904 bajo el nombre de Turnverein 1877 se constituye el Schalke 04; en 1903 un grupo de trabajadores de la fábrica Bayer en Leverkusen piden la creación de una sección deportiva, que la empresa instituye en 1904; el club de fútbol surge en 1907. Finalmente, el 19 de diciembre de 1909 un grupo de jóvenes de la parroquia católica de Dortmund, y que pertenecían a la asociación Juventud de la Trinidad, fundan en el restaurante Zum Wildschütz el Borussia Dortmund.

El acontecimiento más importante en esta década para el futuro del fútbol alemán se produjo el 20 de enero de 1900 en el restaurante *Zum Mariengarten* de Leipzig. Allí treinta y seis representantes de ochenta y seis clubes alemanes, incluyendo a dos de habla alemana de Praga, fundaron la Deutsche Fussball Bund (Federación Alemana de Fútbol), cuyo primer presidente fue Ferdinand Hueppe del DFC Praga. El objetivo de la Federación era intentar unificar los diversos campeonatos regionales que se jugaban en Alemania y potenciar una selección nacional de fútbol. Este último objetivo empezó a tomar forma en 1901 cuando la Federación envió a un combinado de jugadores de diversos equipos a Gran Bretaña donde jugaron frente al Southampton, y perdieron 1-5, y al Aston Vila perdiendo 2-6.

En 1904 la DFB (Deutsche Fussball Bund) ingresa en la FIFA y por reglamentación de ésta, los equipos de fuera de Alemania deben dejar la Federación, lo que provoca la dimisión de Hueppe, siendo sustituido por Friedrich Wilhelm Nohe de la Asociación de Fútbol de Karlsruhe y de la Asociación del Sur de Alemania. Nohe solo estará un año en el cargo, siendo sustituido por Gottfried Hinze

miembro del Duisburg, equipo de la cuenca del Ruhr. Su mayor logro en el cargo fue el fortalecimiento del DFB en detrimento de la Asociaciones Regionales; para ello formó siete asociaciones dentro de la federación, y cada una requería de cien asociados para conseguir un voto, lo que hizo que fuera más difícil el bloqueo de las asociaciones a decisiones importantes de la DFB.

Hinze trabajará, al mismo tiempo, para lograr la aceptación del fútbol como deporte alemán, objetivo que consigue antes de la Primera Guerra Mundial, cuando en el Anuario del Fútbol Alemán de 1913, en la primera página del mismo, aparece vestido de futbolista el Príncipe Friedrich Karl de Prusia (hijo del Kaiser Guillermo II).

La creación de un campeonato más o menos unificado chocó con la resistencia de las diferentes asociaciones regionales, y la Federación lo único que pudo crear fue el llamado *Trofeo Viktoria*, que se inauguró en 1903, y que enfrentaba en eliminatorias por *KO* a los campeones de cada región, con el objeto de proclamar un campeón alemán. El nombre devino del premio que se entregaba, que no era otro que una figura inspirada en la diosa romana de la Victoria. El trofeo estuvo vigente hasta 1949 cuando se sustituyó por el actual *Meisterschale*. El primer campeón fue el VfB Leipzig. En 1908 se creó la *Kronprinzenpokal*, antecesora de la Pokal actual, denominada así porque el título lo otorgaba el Príncipe Heredero Guillermo.

Hasta el inicio de la Primera Guerra Mundial los títulos estuvieron casi en su totalidad en manos de los equipos del Norte de Alemania y de Berlín, sin embargo, hacia finales de la década empieza a producirse un pequeño cambio y los equipos del sur empiezan a ganar algún trofeo, anunciando el dominio que tendrán durante el periodo de Weimar. El primer equipo del sur en ganar el Viktoria será el FC Freiburg (nada tiene que ver con el actual) en 1907.

El principal equipo alemán hasta el inicio de la Primera Guerra Mundial fue el VfB Leipzig, que nace en 1898 de la fusión del Sportfröde Leipzig, fundado en 1893 por Johanam Kirmic y Albert Rosiler, y el VFB Leipzig, fundado en 1896 por Theodor Schöffler.

Theodor Schöffler (1877-1903) es una figura importante en los inicios del fútbol alemán. Realizó las funciones de gerente y entre-

nador del Leipzig, y como entrenador puso énfasis en la capacidad física de los jugadores y en el trabajo del toque de balón. Como directivo participó en la fundación de la DFB y fue la figura clave para que todos los clubes de la Alemania Central entraran el 26 de diciembre de 1900 en la Asociación de Clubes de Juegos de Pelota de Alemania Central.

El VfB Leipzig fue el gran dominador de la década, clasificándose siempre para la ronda final del campeonato de Alemania Central, y nueve veces para la ronda final del Viktoria, donde llegó seis veces a la final, ganando tres (1903, 1906 y 1913) y perdiendo otras tres (1908, 1909 y 1912).

Los jugadores clave del equipo eran el delantero Edgar Blüher (1881-1919), gran goleador con excelente remate de cabeza, y que murió a causa de las heridas de la guerra; el extremo izquierdo Adalbert Friedrich (1884-1962), apodado Bert y que fue el único jugador que jugó todas las finales del equipo, y el centrocampista Heinrich Riso (1882- 1952), conocido por Heno, estuvo en el equipo desde 1901 hasta 1912 en que se retiró; jugador de buen toque de balón.

El principal rival del Leipzig fue el equipo berlinés Berliner FC Viktoria 89, más conocido por Viktoria Berlín, equipo que se caracterizaba por la robustez y la lucha de sus jugadores, y que fue campeón los años 1908 y 1911. Sus principales jugadores fueron: Willy Worpitzky (1886-1953), el delantero Helmut Röpnack (1884-1935) más conocido como Schiessbude (galería de tiro) por la cantidad y variedad de goles que realizaba, y el extremo Otto Dumke (1886-1912).

El primer trofeo Viktoria celebrado en la temporada 1902/03 tuvo como vencedor al VfB Leipzig que se impuso en la final al DFC Prager por 7-2. El torneo tuvo graves deficiencias de organización, que supuso la eliminación del Karlsruhe, que debía jugar la semifinal contra el DFC Prager, al que le llegó un telegrama en el que se le informaba que el partido cambiaba de fecha, cosa que no ocurrió y el equipo bávaro fue eliminado. También hubo reclamos de varios equipos que se quejaban que la final fuera siempre en Berlín, lo que favorecía los equipos berlineses. Todo ello provocó dos decisiones, la primera es que el campeón de la temporada 1903/04 quedó desierto, y la segunda, y más importante, es que a partir de ese momento la final se jugaría en un campo neutral a una distancia similar para ambos equipos.

La siguiente temporada 1904/05 el ganador fue el Union 92 Berlín (el actual Unión Berlín), al imponerse en la final al Karlsruhe por 2-0. Esta temporada vivió una profunda crisis la DFB, que estuvo a punto de llevar a su disolución, cuando las federaciones del Sur de Alemania, encabezadas por el ex presidente Nohe, acusaban a la federación de favorecer los intereses de las asociaciones del Norte y Berlín. Finalmente, Hinze resolvió la situación y logró fortalecer los poderes de la DFB, como señalamos anteriormente.

El Karlsruhe volvió a repetir puesto en la final en la temporada 1905/06, pero cayó derrotado de nuevo en esta ocasión por 1-2 frente al VfB Leipzig. La temporada 1906/07 será la primera en que un equipo del sur de Alemania gana la competición; fue el Freiburger FC (sin relación con el actual Freiburg), que se impuso en la final al Viktoria Berlín por 3-1. La temporada 1907/08 supuso el primer triunfo del Viktoria Berlín tras muchos intentos de conseguir el título, imponiéndose en la final al VfB Leipzig por 3-1.

En 1908 hizo su debut internacional en partido oficial la selección alemana, concretamente el 5 de abril en Basilea frente a la selección suiza. La convocatoria de la selección la realizó la DFB, pero hubo de ser aprobada por la Asamblea de la misma, por lo que se tuvo que buscar un compromiso en cuanto a la procedencia de los jugadores. De este modo en el once titular aparecían cuatro jugadores del sur, tres del oeste, dos del centro, y uno del norte y otro de Berlín. Los jugadores que formaron el primer equipo oficial alemán fueron: Baumgärtner, Becker, Hensel, Baumgarten, Hiller, Hempel, Förderer, Jordan, Ludwig, Kipp, Weymar. De ellos Willy Baumgärtner, jugador del Düsseldorfer SV 04 con 17 años y 4 meses, sigue manteniendo el récord al día de hoy de ser el jugador más joven en debutar con la selección. El partido se jugó ante 4000 espectadores y en el minuto cinco, se adelantó la selección alemana con gol de Fritz Becker de 19 años y jugador del Frankfurter Kickers, convirtiéndose en el primer goleador de la historia de la selección en partidos oficiales. Finalmente Suiza se impuso por 5-3.

A partir de 1908 el fútbol en Alemania empieza a perder su espíritu más "liberal" y pasa a tomar un cariz más conservador acorde con la situación del país. En Alemania antes de la Primera Guerra Mundial el ejército tenía una situación de privilegio dentro de la sociedad; el hecho de que se abriera a la pequeña burguesía la entrada al cuerpo de oficiales hizo que el fútbol, que era seguido mayoritariamente por esta clase social, se acercara al mundo militar, y así varios oficiales de la reserva empezaron a entrar en las juntas directivas de los clubes, lo que potenció la idea de disciplina y de espíritu competitivo en el fútbol alemán. Por otra parte, Hinze, presidente de la DFB y miembro de uno de los partidos liberales que apoyaban al gobierno, consideró necesario que la Federación estuviera al servicio de los intereses de la nación, y de este modo se introdujo en los estatutos de la misma un nuevo artículo que rezaba lo siguiente: "La finalidad de la federación es resaltar sobre la opinión pública, la importancia del ejercicio físico para despertar y hacer crecer el respeto a la autoridad y al ejército".

La temporada 1908/09 vivirá el primer triunfo de un equipo de la ciudad de Karslruhe, concretamente el Phoenix Karslruhe, club fundado en 1894, que se enfrentó en la final jugada en Breslau al Viktoria Berlín imponiéndose por un 4-2, partido en el que destacaron sus dos extremos Emil Oberle (1889-1955) y Karl Wegele (1887-1960), y en especial el alma del equipo, el jugador que ejercía de capitán y era al mismo tiempo entrenador del mismo Arthur Beier (1886-1917), que fallecería en el Frente Occidental durante la Primera Guerra Mundial.

El triunfo del Phoenix Karslruhe significó el inicio del ascenso del fútbol del sur de Alemania a la élite del fútbol alemán que hasta ese momento había estado dominado por los equipos del Noroeste y Berlín, y era un premio al buen trabajo que se venía realizando en la zona Mannheim-Karslruhe-Freiburg-Stuttgart, donde se estaban creando importantes clubes con estructuras deportivas y un amplio número de aficionados.

Fruto de este buen trabajo realizado desde hacía tiempo, en la siguiente temporada el ganador será el Karlsruher FV equipo fundado en 1891, y que como hemos visto, estuvo presente en varias de las fases finales del trofeo Viktoria. El Karslruher FV fue el pri-

mer equipo que tuvo jugadores extranjeros en sus filas, entre los que destacó el defensa neerlandés Adolf Bouvy (1884-1945). El equipo ganó de forma ininterrumpida el campeonato del sur de Alemania desde 1901 a 1905, destacando su fortaleza defensiva con jugadores como Fritz Gutsch (1878-1971) y Otto Jüngling (1880-1921), centrocampistas de gran calidad como Wilhelm Langer (1880-1970) y Hans Ruzek (1880-1914). Pero lo más apreciado para los aficionados y periodistas del momento fue su delantera, a la que se llamó "la delantera perfecta" donde sobresalían Fritz Langer (1878-1942) y Julius Zinser (1879-1929). El equipo logró en la temporada 1904/05 ganar 26 partidos de 29 disputados, y anotar 109 goles a favor por solo 27 en contra.

La figura clave para la victoria del Karslruher en el trofeo Viktoria fue el inglés William Townley (1866-1950) jugador de varios equipos ingleses entre ellos el Blackburn Rovers y el Manchester City, que una vez retirado se marchó a Alemania a entrenar. Su primer equipo fue el DFC Prager (1903-1905). En 1909 fichó por el Karlsruher FV, convirtiéndose en el primer entrenador que solo ejercía esta función en un club alemán. Hasta ese momento la figura del entrenador en el fútbol alemán era considerado como algo secundario, y su función la ejercían o miembros de la misma junta directiva o bien algún jugador. Con la llegada de Townley la figura del entrenador adquiere la importancia que tiene dentro del fútbol británico, y a partir de ese momento se empieza a valorar en su justa medida dentro del fútbol alemán. Townley introduce en el club la forma de entrenar británica, combinando la técnica con la fuerza física y creando jugadas de ataque basadas más en el juego combinativo que directo. La principal novedad fue que introduce el juego de pase plano frente al excesivo juego aéreo practicado por el fútbol alemán hasta el momento.

Townley logra reunir en el Karlsruhe a una de las mejores delanteras del fútbol alemán antes de la Primera Guerra Mundial: la compuesta por el delantero centro Gottfried Fuchs (1889-1975), jugador de gran habilidad en el área y potente remate, y los extremos Fritz Förderer (1888-1952) y Julius Hirsch (1892-1945) conocidos por su habilidad y velocidad. El equipo vence por 1-0 en la final al Holstein Kiel.

La temporada 1910/11 vio el triunfo del Viktoria Berlín, que se impuso en la final al VfB Leipzig por 3-1. Esta final tiene la importancia histórica de ser la que registró mayor número de espectadores en un estadio de fútbol antes de la Primera Guerra Mundial. En total fueron 12 000 espectadores los que poblaron las gradas del estadio de Dresden, lo que demostraba que el fútbol iba teniendo cada vez más adeptos dentro de la sociedad alemana.

En la temporada 1911/12 se produjo la primera victoria de un club del norte de Alemania, concretamente el Holstein Kiel, club fundado en 1900, y finalista de la temporada anterior y que se impuso en la final por 1-0 al Karslruher FV, con gol de su mejor jugador y delantero David Binder (1893-1917). El Holstein Kiel fue el primer equipo alemán en realizar un traspaso de jugadores al extranjero, cuando en 1911 transfirió a los hermanos daneses Sophus y Karlo Nielsen a la liga danesa.

En 1912 la selección alemana participa en su primer torneo internacional, exactamente los Juegos Olímpicos de Estocolmo. Alemania acudía los juegos con un bloque bien definido formado por los principales jugadores de los equipos del sur de Alemania que eran los más fuertes del momento, destacando Ernst Hollstein, Max Breuning, Fritz Förderer, Gottfried Fuchs y Julius Hirsch. Esto provocó una sensación de euforia en la DFB que hizo soñar con posibilidades de medalla.

Los Juegos reunieron a las principales potencias futbolísticas del momento, y las posibilidades de medalla se esfumaron pronto al perder contra Austria por 1-5, quedando en el puesto número once al vencer a Rusia por 16-0, que es hasta el día de hoy la mayor victoria conseguida por la selección alemana, y Gottfried Fuchs con diez goles el máximo goleador en un partido.

La decepción en los JJOO evidenció el principal problema que tenía la selección alemana, y que no era otro que el excesivo poder de las Federaciones Regionales a la hora de confeccionar el equipo nacional, y la falta de un solo organismo centralizado que se ocupara de contratar un entrenador y seleccionase a los jugadores.

En la temporada 1912/13 el campeón fue el VfB Leipzig, que se impuso al Duisburger por 3-1. Tanto en la final como en las semifinales, en especial la del Duisburger frente al Holstein Kiel, hubo

una gran afluencia de público, mayoritariamente de población trabajadora, lo que mostraba como el fútbol ya se iba introduciendo en todas las capas de la población alemana. El aumento de público preocupaba a la policía por los desórdenes que se pudieran producir, así como que consiguieran ser un vehículo de propaganda política, por lo que se empezó a vigilar a los clubes y sus aficionados

La temporada 1913/14, la última celebrada antes del inicio de la Primera Guerra Mundial, la ganó el equipo bávaro del SpVgg Fürth, fundado en 1903, y que en esos momentos poseía las instalaciones deportivas más avanzadas de Alemania y tenía más socios. El SpVgg Fürth se unió en 1996 al TSV Vestenbergsgreuth para formar el actual SpVgg Greuther Fürth.

El Fürth fichó en 1911 a William Towsley del Karslruher Fv, quien se llevó a su nuevo equipo al delantero Julius Hirsch, también del Karlsruher, juntándolo con el joven delantero Hans Schmidt (1893-1971) apodado "Bombardero" por la potencia de sus disparos. El equipo bávaro se impuso en la final al VfB Leipzig por 3-2.

La aportación británica en los equipos del sur también se refleja en el F.C Nürnberg, quien llevaba varios años jugando amistosos con equipos de las islas. Fruto de ello será el fichaje del jugador Fred Spiksley (Sheffield) en 1913, sin embargo poco o nada pudo aportar ya que al año siguiente estalló la guerra.

El que es considerado el mejor jugador alemán de este periodo no jugó en ninguno de los grandes equipos que ganaron los títulos antes de la guerra. Se trata del delantero Adolf Jäger (1889-1944), que jugó la mayor parte de su carrera en el Altona 93, club fundado en 1893 en la localidad de Altona (hoy distrito de Hamburgo), en el que jugó desde 1907 hasta su retirada en 1927, marcando más de 2.000 goles en 700 partidos.

Antes del estallido de la guerra la DFB intentará solucionar los dos grandes problemas que sufrirá el fútbol alemán del periodo, y que no tendrán solución hasta el final de la Segunda Guerra Mundial. El primero de ellos, crear una liga nacional que permitiera tener una selección nacional de nivel. La DF volverá a fallar en el intento y lo único que logró imponer en 1911 fue recortar el poder que las diversas asociaciones tenían a la hora de confeccionar a los

jugadores que formarían el equipo nacional, quedando exclusivamente en manos de la DFB.

El segundo problema era el amateurismo. Los jugadores no cobraban y tenían que trabajar, lo que provocaba faltas en entrenamientos, e incluso, que se tuvieran que comprar ellos en muchos casos sus equipaciones. Esta circunstancia restaba potencial al enfrentarse con selecciones cuyo fútbol tenía un mínimo nivel de profesionalidad. Aquí la DFB no consiguió nada. En el intento también fracasaron Walther Bensemann, y Paul Eichelmann (1879-1938) portero del Unión Berlín, que jugó de profesional en Gran Bretaña varios años y quien a su vuelta luchó por conseguir una profesionalización similar a la de las islas.

El 1 de agosto de 1914 empezaba la Primera Guerra Mundial. En el fútbol alemán tuvo dos consecuencias inmediatas; la primera fue que la mayoría de los jugadores que tenían edad militar fueron incorporados a filas, lo que provocó una casi paralización del fútbol en el país, y la segunda fue la militarización de la DFB. Con el estallido del conflicto todas las instituciones alemanas fueron militarizadas, lo que incluía las deportivas y, por ende, a la federación de fútbol.

El estallido de la guerra y la consecuente militarización fueron vistos por la DFB como una oportunidad para hacer más aceptable el fútbol a capas de la población que lo veían como algo extranjero. Al contribuir al esfuerzo de la guerra, el fútbol podía presentarse como parte integrante de la sociedad alemana.

Durante los cuatro años que duró el conflicto, puede decirse que hubo una parálisis del fútbol en Alemania, si bien se jugaron algunos campeonatos regionales de dimensiones más reducidas, el que jugó más partidos fue el que se realizó en Baviera hasta 1916. En otras zonas del país, en especial en aquellas más industriales como la cuenca del Ruhr, muchos equipos entraron a formar parte de batallones especiales de trabajo para ayudar en la industria de guerra.

A medida que el conflicto se alargaba y se producía mayor número de bajas, algunos clubes organizaban partidos benéficos para ayudar a los huérfanos, creando también equipos infantiles y juveniles con el objetivo de distraer, al mismo tiempo que formaban en la disciplina física a los niños y jóvenes. A partir de 1917, sin embargo, la práctica del fútbol se hizo casi imposible; la causa principal fue que debido al bloqueo naval aliado empezaron a escasear los productos de primera necesidad, lo que provocó una importante hambruna en la población civil. Con el objetivo de paliar el sufrimiento de la población, el gobierno publicó un decreto del Kaiser por el que todos los espacios abiertos debían ser utilizados como campos de cultivo de patatas, lo que afectó también a los campos de fútbol.

El fútbol también sirvió de descanso y distracción para los soldados del frente, que organizaban equipos y partidos en sus tiempos de permiso. Son conocidos los partidos que se jugaron durante la llamada "Tregua de Navidad de 1914" entre soldados alemanes, franceses y británicos.

El 8 de noviembre de 1918 Alemania solicitaba el armisticio y con ello se abría un nuevo periodo de la historia alemana y del fútbol alemán.

En los meses finales de 1918 se produjo la abdicación del Káiser y estallaron movimientos revolucionarios en diversos lugares de Alemania, el más importante, la revolución espartaquista que tuvo lugar en Berlín que llegó hasta los primeros meses de 1919. Mientras se producían estos acontecimientos, el SPD (Partido Socialista) con su habitual fraseología revolucionaria, pero su política reformista proclamó una república democrática similar a la de los países occidentales, y con ayuda del ejército y de los Freikorps (cuerpos francos con exsoldados y de ideología de extrema derecha) derrotaron todos los movimientos revolucionarios de inspiración bolchevique.

Los primeros años de la República de Weimar fueron un periodo convulso en la política, la economía y la sociedad, con continuos golpes de la extrema derecha, crisis inflacionista que devaluó el valor del marco, paro desbocado y colas de hambre. A ello se unió el inmenso poder que seguía manteniendo el ejército, similar al periodo anterior, basado en la llamada "Dolchstosslegende" (leyenda de la puñalada en la espalda) según la cual el ejército no había sido derrotado en el frente, y la derrota se produjo por las revoluciones obreras y la actitud de los políticos liberales. Esta idea

será central en la crisis y caída de la República. No nos corresponde aquí analizar el desarrollo de la historia alemana, pero es conveniente citarla, ya que influirá en el devenir del fútbol en Alemania.

Los primeros años del fútbol alemán vendrán marcados por los acontecimientos que hemos señalado anteriormente; al igual que en el resto de la sociedad el fútbol se vio inmerso en todos estos avatares. Tras la guerra muchos clubes se encontraron en una situación de quiebra económica, añadiendo que muchos de sus jugadores o habían muerto en el frente, o sufrían heridas y mutilaciones que les impedían la práctica deportiva. Estas circunstancias fueron las causas principales que los equipos que habían dominado el fútbol alemán antes de la guerra, tuvieran en muchos de los casos participaciones menores en la consecución de títulos regionales, y tan solo el Fürth repetiría título nacional.

La crisis económica de muchos clubes llevó a fusiones que dieron lugar a nuevos equipos de fútbol. El caso más conocido es el del Hamburgo SV, fundado el 2 de junio de 1919 de la fusión del SC Germania (1887), el Hamburger FC (1888) y el FC Falke Eppendorf (1906), que dio lugar al actual Hamburger Sport Verein.

Una vez finalizada la guerra la DFB volvió a sus funciones habituales, y los días 19 y 20 de abril de 1919 tuvo lugar su asamblea en la localidad de Eisenach, en la que mostraron su lealtad al nuevo régimen y establecieron las bases para la reanudación de la competición. Lo más importante de la Asamblea, en vistas al futuro, fue la entrada de Felix Lindemann en la Junta Directiva en sustitución de Hans Hofmann que había fallecido en el frente. En un principio Lindemann fue nombrado director de la Oficina para el Desarrollo de los Ejercicios Físicos, y designado consejero en el Ministerio de Educación para el desarrollo del deporte en los colegios e institutos. De la figura de Lindemann, clave en el desarrollo del fútbol alemán, hablaremos más adelante.

En junio de 1919 Alemania firmó el Tratado de Versalles, por los que perdía sus colonias, Posen y parte de Silesia pasaba a Polonia, Eupen-Malmedy a Bélgica, Alsacia-Lorena a Francia, parte de Schleswig a Dinamarca y Danzig era declarada ciudad libre, al mismo tiempo Memel quedaba bajo mandato aliado, al igual que la región del Sarre.

El nuevo mapa alemán obligó a la DFB a reconfigurar los calendarios en varias Asociaciones Regionales, al tiempo que se suprimían otras, y obligó a modificar el calendario de la Pokal, debido a que algunos clubes tenían importantes dificultades para viajar ya que había tropas aliadas en sus zonas que no permitían aún el movimiento ferroviario.

Durante la República de Weimar el fútbol se convirtió en un fenómeno de masas; cada vez se congregaron más espectadores en los campos, aumentaron los socios de los equipos, se crearon clubes de fans, y algunos jugadores empezaron a adquirir fama a nivel nacional, y surgieron publicaciones especializadas. Ello fue debido a un cambio profundo en la sociedad que quería romper con los estándares sociales y culturales del régimen anterior, y el fútbol se veía como algo nuevo y moderno, y más democrático, al ser un deporte colectivo y sin requisitos sociales para practicarlo.

A pesar de todas las dificultades indicadas, la DFB pudo organizar el torneo Viktoria de la temporada 1919/20 en la que resultó campeón el FC Nürnberg que se impuso al SvP Fürth por 2-0 en la final en la que asistieron más de 35 000 espectadores. El equipo fue recibido en la estación de la ciudad por unas 30 000 personas.

El FC Nürnberg será el equipo dominador del fútbol alemán en los primeros años de la República de Weimar. Fundado en 1900, era conocido como el "Der Klub" por su capacidad organizativa y su caballerosidad dentro de los terrenos de juego. El club bávaro ya había jugado antes de la guerra partidos en Gran Bretaña, por lo que conocía mejor que el resto las formas y tácticas de juego que se practicaba en las islas; al mismo tiempo fue de los equipos menos afectados por la guerra tanto a nivel económico como deportivo, ya que la mayoría de sus jugadores volvieron del frente en 1916 y sufrió pocas bajas.

El estilo de juego que practicó durante estos años se basaba en una férrea defensa que sabía dejar a los contrarios en fuera de juego y por un juego más combinativo en el centro del campo para llegar con la pelota controlada al área rival. Este tipo de juego más asociativo fue introducido por el entrenador húngaro Alfred Schaffer procedente del MTK Budapest, que si bien solo estuvo una temporada, dejó el esquema en el equipo. Durante julio de 1918 y

febrero de 1922 no perdió ningún partido tanto en los campeonatos regionales como en el nacional.

El principal jugador del equipo era el centrocampista Hans Kalb (1899-1945), de buen toque y organizador de todo el juego, se decía que sin él el equipo era la mitad. Destacaban también el portero Heiner Stuhlfauth (1896-1966), que fue considerado el mejor portero de su época junto al español Ricardo Zamora. En el año 2008 se le introdujo en el Salón de la Fama del Deporte de Alemania. El lateral derecho Gustav Bark (1889-1970) que ejercía las funciones de jugador-entrenador desde 1920, destacaba por su velocidad y juego aéreo y buen goleador además de defensor, quien tuvo como asistente a otro húngaro, Izidor "Dori" Kürschner, en la temporada 1920/21, y que más tarde entrenaría al Eintracht Frankfurt y luego haría una interesante carrera en Brasil entrenando al Botafogo y Flamengo. Otros jugadores destacados fueron el lateral izquierdo Anton Kluger (1898-1962), el central Johanm Steinlein (1891-fecha desconocida) y el delantero Wolfgang Strobel (1896-1945). La alineación habitual del Nürnberg de estos años era la formada por Stuhlfauth, Bark, Steinlein, Kluger, Kalb, Riegel, Strobel, Popp, Böss, Träger y Szabor.

En 1920 la Iglesia Católica creó a través de sus organizaciones juveniles, la *Deutschen Jugendkraft (DJK)* con el objetivo formar a los jóvenes católicos al tiempo que practicaban actividades deportivas. Muy pronto el fútbol se convirtió en el principal deporte, y pasó también a las organizaciones obreras católicas, muy importantes en la cuenca del Ruhr, Silesia y Pomerania donde había una gran cantidad de obreros, en especial de las minas, de confesión católica. En 1921 la DJK organizó un campeonato nacional de fútbol, ajeno a la DFB, pero que cada vez fue congregando a más afiliados; a principios de los años treinta poseía 80 000, y espectadores a la final de la misma, donde nunca bajaron de los 20 000.

La temporada 1920/21 volverá a ver el triunfo del FC Nürnberg que venció en la final al BFC Vorwärts 90 Berlín por 5-0. A la final asistieron 27 000 personas y fue la primera vez que se filmó la final, que luego se proyectó en salas de cine. El club fue recibido en la ciudad por más de 50 000 personas, lo que iba mostrando el crecimiento de la afición por el fútbol.

En 1920 la selección alemana jugó su primer partido internacional tras la guerra; fue un amistoso contra Suiza, ya que no podía participar en torneos FIFA al estar bloqueada por Gran Bretaña a causa de la guerra. El partido se jugó en Zürich y Alemania perdió por 1-4.

La temporada 1921/22 terminó de forma polémica y la DFB no reconoce ningún ganador para esa contienda. La final la jugaron el FC Nürnberg y el Hamburgo SV. La final se jugó en Berlín ante 30 000 espectadores, y tras tres horas de juego y ya sin luz, el partido se suspendió con 2-2 en el marcador. Seis semanas después se repitió el partido en Leipzig y luego de varias prórrogas, el partido iba 1-1. El equipo bávaro jugaba con nueve jugadores por una expulsión y un lesionado; al sufrir una nueva lesión el partido se suspendió por las protestas bávaras. La DFB varios días después decidió dejar vacante el vencedor de esa temporada.

La siguiente temporada vendrá marcada por la crisis inflacionista que sufrirá el país, y que llevará a que una barra de pan costase un millón de marcos; ello junto a la ocupación francesa de la cuenca del Ruhr que provocó un movimiento de resistencia pacífica. Todo ello afectó al fútbol, ya que los clubes se vieron perjudicados económicamente con la pérdida de patrocinadores y la bajada de socios y espectadores.

El Hamburgo, principal rival del Nürnberg en estos años, será el campeón de la temporada 1922/23, al imponerse en la final al Union Oberschöneweide (actual Union Berlin) por 3-0 frente a 64 000 espectadores, que mantendrá el récord de asistentes hasta la final de 1935. Hay que destacar que esta final fue la primera que se radió para toda Alemania.

Hasta finales de los años veinte, salvo alguna excepción, los campeonatos los obtuvieron el FC Nürnberg y el Hamburg SV, este último, entrenado por Rudi Agte (1891-1971); hasta 1929 reunió a algunos de los mejores jugadores alemanes del momento, donde destacaban en defensa Alie Beier (1900-1972) y el sueco Otto Carlsson (1901-1982), los centrocampistas Walter Kolzen (1899-1947) y Walter Risse (1893-1969), y los delanteros Karl Schneider (1895-desc) y Hans Rave (1903-1977), pero sin duda el jugador más importante y más conocido por la afición, era el delantero Otto

"Tull" Harder (1892-1956) gran goleador, conocido por sus notables jugadas individuales de excelente toque y velocidad. Su fama era tal, que en los cabarets de Hamburgo se cantaba "Cuando toca Harder Tull el partido es tres a cero". Incluso se hizo una película sobre él en 1927 titulada Der König der Mittelstürmer (El rey del centro delantero), dirigida por Fritz Freisler e interpretada por el actor austriaco Paul Richter. Su apodo de Tull, procede porque tenía un gran parecido físico con un jugador del Tottenham Walter Daniel Tull. El equipo inglés jugo un partido en Hamburgo en 1911 y los más viejos del lugar lo recordaban. Harder se afiliará al Partido Nazi y durante la guerra formará parte de los batallones de las SS en el Frente del Este.

En 1927 se rodó otra película de temática futbolística, *Die Elf Teufels* (Los once diablos), dirigida por Zoltan Korda e interpretada por dos actores importantes del momento, Gustav Fröhlich y Willi Forst.

Las temporadas 1923/24 y la 1924/25 vieron el triunfo del FC Nürnberg; en la primera venció por 2-0 al Hamburg ante 30 000 espectadores, y en la segunda por 1-0 al FSV Frankfurt ante 40 000 espectadores. La rivalidad entre el equipo del sur y del norte de Alemania se acuciaba en las revistas deportivas de gran tirada del momento: *Fussball* fundada en 1911 por Eugen Seybold y que era la más leída hasta finales de los años treinta; *Kicker* fundada en 1920 por Walter Bensemann, y *Fussball Woche* fundada en 1923 por Ernst Werner.

En 1925 se producirán dos acontecimientos que afectarán por un lado al fútbol mundial, y por el otro, al alemán de forma particular. El primero de ellos fue el cambio de la regla del fuera de juego, que pasaba a que entre el delantero y la portería hubieran de haber tres jugadores a solo dos, lo que provocará un profundo cambio en los sistemas de juego de todos los equipos. El ejemplo más claro fue la WM implementada por el técnico del Arsenal Herbert Chapman y que será la predominante en estos años. El cambio de esta regla afectará al fútbol alemán en el sentido que será el inicio del declive del dominio del FC Nürnberg que basaba su juego en un ritmo lento de buena técnica individual y colectiva y de control de pases. Jugaba con una defensa adelantada para hacer más

pequeño el campo y favorecer los pases a sus rápidos delanteros. El cambio de regla hizo que tuviera que retrasar más la defensa para no verse expuesto a los rápidos contragolpes de sus rivales, en especial de los equipos del norte de Alemania, que tras el cambio de regla adoptaron un sistema ofensivo de ataques directos que se conoció como el *Husarenstil* (Estilo Husar, por las cabalgatas de los húsares en combate).

El acontecimiento más importante para el fútbol alemán en ese año fue la llegada a la presidencia de la DFB de Felix Linnemann (1882-1948) en sustitución de Gottfried Hinze, y que permanecerá en el cargo hasta 1945. Con Linnemann la DFB incrementó su fuerza y tamaño convirtiéndose en la principal estructura del fútbol alemán, reduciendo aún más el peso de las federaciones regionales. Así mismo fue el impulsor y creador del Instituto de Educación Física de Berlín, adscrito a la Universidad y cuyo objetivo era preparar a entrenadores que pudieran servir para ser seleccionadores nacionales. Para dirigir el Instituto, Linnemann fichará a dos personas que serán claves en el futuro del fútbol alemán, Otto Nerz (1882-1948) y Josef "Hep" Herberger (1897-1977), ambos miembros del equipo técnico del Waldholf Mannheim donde estaban aplicando técnicas novedosas.

El primero de ellos fue nombrado seleccionador alemán en 1926, y como admirador del fútbol británico, trabajó para implementar el sistema WM en la selección y en los equipos alemanes. Durante su largo periodo, estuvo hasta 1936, introdujo en la selección conceptos futbolísticos de Jimmy Hogan, Hugo Meisl y Víctor Pozzo, e incorporó métodos de trabajo físico en los entrenamientos, introduciendo elementos de dieta y control del peso de los jugadores.

La gestión institucional de Linnemann y la técnica de Nezr y Herberger, irán produciendo un incremento en el nivel futbolístico y competitivo de la selección alemana a lo largo de los próximos años.

La temporada 1925/26 vio proclamarse campeón a un viejo conocido, el SpVgg Fürth, que se impuso en la final al Hertha Berlín por 4-1, y que fue hasta ese instante récord de audiencia radiofónica. La siguiente temporada vio el último triunfo del Nürnberg en

este periodo imponiéndose en la final por 2-0 al Hertha que repetía como finalista. El equipo berlinés será finalista en las dos siguientes ediciones perdiendo ambas, la de la temporada 1927/28 frente al Hamburgo por 2-5, y la de la temporada 1928/29 frente al SpVgg Fürth por 1-3.

En 1928 la selección alemana juega por primera vez un torneo internacional, tras levantar Gran Bretaña, Francia y Bélgica el bloqueo al combinado germano; serán los JJOO de Amsterdam. La selección que ya va adaptando los conceptos de Nerz, obtiene una clara victoria sobre Suiza por 4-0 con hat trick de uno de los principales delanteros alemanes del momento, Richard Hofmann (1902-1983), jugador del Dresdner FC y conocido como König (Rey), apodo que recibió tras un gran partido frente a Inglaterra en 1930 que acabó en empate a tres (él fue el autor de los tres goles), por lo que la prensa le bautizó en sus crónicas Rey Richard Corazón de León. Hofmann fue un delantero centro cuya principal virtud era el potente disparo con ambas piernas. En 1930 perdió la oreja derecha en un accidente de coche y eso afectó a su equilibrio, aun así siguió jugando y marcando goles, hasta que en 1933 fue suspendido por violar las reglas del amateurismo y firmar un contrato publicitario con una marca de cigarrillos.

El Hertha se proclamará campeón las dos siguientes temporadas venciendo al Holstein Kiel por 5-2 en la 1920/30 y al TSV 1860 München en la 1930/31. El buen hacer del equipo berlinés durante estos años se refleja en la figura de su mejor jugador, el centrocampista Johannes "Hanne" Sobek (1900-1989) fichado en 1925. Jugador de excelente calidad, fortaleza física, verticalidad y precisión en el pase. Se convirtió en un ídolo de masas y permaneció en el club hasta 1939. Tras la guerra entrenó primero al Unión Berlín y después al propio Hertha.

En el mes de agosto de 1930 se produce uno de los principales sucesos que golpearon al fútbol alemán hasta ese momento. El fútbol alemán se movía en el amateurismo, es decir, los jugadores no cobraban por jugar a fútbol. Son tiempos donde la crisis económica de 1929 golpea con fuerza en Alemania causando un gran número de parados, entre los que se encuentran muchos jugadores de fútbol. Este es el caso de los jugadores del Schalke 04 que trabajaban en el sector minero muy afectado por la crisis, por lo que el club empezó a pagarles un sueldo para que pudieran vivir. Este hecho fue descubierto por la Asociación de Fútbol del Oeste de Alemania lo que provoca la expulsión del club, y el suicidio del Tesorero Wilhelm Nier, quien realizaba los pagos. El suceso provocó un gran escándalo en toda Alemania, y el Schalke 04 fue expulsado de la competición, siendo apoyado por el resto de clubes, por lo que fue admitido al año siguiente. El caso ponía encima de la mesa el problema no resuelto de la profesionalización del fútbol en Alemania.

A raíz del mismo, Felix Linnemann propondrá la creación de una Liga regular alemana, que fue vetada en principio por las asociaciones regionales, y la profesionalización del fútbol; aquí contaba con el apoyo de la asociación del Oeste, y la oposición de las del Norte, Noroeste y Central, mientras que las del Sur y Berlín no se pronunciaron. Ambos temas debían ser tratados en la Asamblea General de la DFB en Mayo de 1933, pero la llegada de Hitler al poder paralizó todo.

Al igual que la Iglesia Católica había constituido organizaciones deportivas para la juventud, las DJK, que a partir de los años veinte organizaron torneos de fútbol, algo similar ocurrió con las organizaciones obreras, el KPD (Partido comunista) y el SPD (Partido Socialista). Ya en tiempos del Káiser, el SPD y los sindicatos habían creado las Arbeiter Turn und Sportbund (ATSB) que en 1893 pasó a llamarse Arbeiter Turner-Bund (ATB), asociaciones deportivas para trabajadores que no podían acceder a las asociaciones gimnásticas reservadas a la aristocracia y a la clases medias. Poco antes de la guerra, y en especial tras esta, el fútbol fue el deporte predominante en las mismas, hasta tal punto que se organizó un campeonato al margen de la DFB desde 1920 hasta 1932. Las ATB llegaron a tener más de 800 000 asociados, e incluso una revista de fútbol propia de carácter semanal, el Fussball-Stürmer. En 1930, el KPD se separó de la ATB y fundó su campeonato propio conocido como Rotsport, del que se jugaron dos campeonatos en 1931 y 1932.

Los partidos de la ATB fueron muy importantes en la época, y la final del campeonato congregaba casi el mismo número de espectadores que las finales del trofeo Viktoria. Muchos jugadores que jugaron en equipos "profesionales" empezaron sus carreras en los

equipos de la ATB. El jugador más famoso surgido de las competiciones obreras fue Erwin Seeler (1910-1997), padre de los famosos Uwe y Dieter Seeler, que empezó su carrera en los equipos obreros del Rothenburgsort 96 y posteriormente en el SC Lorbeer 06, antes de fichar en 1932 por el Viktoria Hamburg, y en 1938 por el Hamburg SV.

La última temporada previa a la llegada de los nazis al poder, vio el primer triunfo del Bayern München a nivel nacional, imponiéndose en la final al Eintracht Frankfurt por 2-0. El equipo bávaro hacía tres años que ya aparecía en las fases finales del torneo nacional fruto del buen trabajo del entrenador austriaco Richard Kohn (1888-1963), conocido como *Kleine Dombi* (Pequeña Eminencia) por sus capacidades técnicas y tácticas para cambiar los partidos, y por jugadores de la talla del defensa Ludwig Goldbrunner (1908-1981) famoso por su contundencia en el juego aéreo, el centrocampista Konrad "Conny" Heidkamp (1905-1994), y el delantero Oskar "Ossi" Rohr (1912-1988), uno de los mejores delanteros de la década, de quien hablaremos más adelante por sus problemas con el nazismo.

En el plano internacional durante esta temporada, la selección alemana perderá dos partidos contra el Wünderteam austriaco por goleada, el primero 0-6 en Berlín, y el segundo 0-5 en Viena, confirmando que Alemania todavía no tenía nivel suficiente para enfrentarse a las principales potencias futbolísticas del momento. En estos partidos empezarán a producirse los primeros enfrentamientos entre Otto Nerz y Franz Szepan, la estrella alemana emergente que jugaba en el Schalke 04 y que brillará durante los años treinta, y que serán motivo de discusión periodística y de aficionados antes de la guerra.

El 30 de enero de 1933 el presidente de la República, el viejo mariscal Paul von Hindenburg, nombraba Canciller de Alemania al líder del partido Nacionalsocialista Adolf Hitler. Con este nombramiento empezaba una nueva etapa en la historia de Alemania, con profundos cambios que afectaron a la sociedad, al deporte y por lo tanto al desarrollo del fútbol.

La consolidación del poder absoluto de Hitler se inicia al poco de ser nombrado canciller, concretamente el 27 de febrero, cuando se produjo el incendio del Reichstag, acusando falsamente a un comunista holandés del mismo. Este hecho permitió a Hitler obtener de Hindenburg la aprobación de la Ley Habilitante que le concedía plenos poderes, y por la que de forma inmediata prohibió al partido comunista y empezó a detener a sus líderes y militantes; poco a poco se fueron prohibiendo todos los partidos. Hitler reforzó su poder tras la muerte de Hindenburg el 2 de agosto de 1934, cuando pocos días después fue proclamado presidente de la República y adoptó el nombre de Führer.

Una vez alcanzado el poder absoluto, el partido nazi inició su política de la *Gleichshaltung* (igualación), por la que todas las organizaciones del país se debían someter a una dirección vertical gobernada por el partido. Esta política afectó naturalmente al fútbol. Con la prohibición de los partidos obreros y el encarcelamiento de buena parte de sus dirigentes y militantes, otros habían partido al exilio, se suprimió la competición obrera de la ATB y se disolvió el *Rotsport* ,deteniendo a su presidente el comunista Ernst Grube que fue asesinado en Bergen Belsen días antes de la liberación del campo. Las organizaciones católicas adscritas a la DJK pasaron a engrosar las filas de las nacientes Juventudes Hitlerianas, por lo que sus organizaciones y competiciones también fueron disueltas.

La DFB perdió su independencia al ser asimilada en la Deutscher Reichausschuss für Leibesübungen (Comité del Reich para la Educación Física), que desde julio de 1933 estuvo bajo el mando del Reichssportfüher (Comisario de Deportes del Reich) Hans von Tschammer und Osten (1887-1943), miembro de una familia aristocrática y nazi desde los primeros tiempos. Tschammer reorganizó el deporte en Alemania creando en 1934 la Deutscher Reichsbund für Leibesübungen (Liga Deportiva del Reich Alemán) o DRL, y en 1937 la Nationalsozialistischer Reichsbund für Leibesübungen (Liga Deportiva Nacionalsocialista Alemana). Fue el creador en 1935 de la DFB-Pokal, que será conocida por su nombre Tschammerspokal.

Una vez instalados en el poder los nazis empiezan a aplicar su programa racial y antimarxista, y el 2 de junio de 1933 el Ministro de Educación Bernhard Rust ordena la expulsión de todos los judíos

y marxistas del sistema educativo, organizaciones juveniles y entidades deportivas. El presidente de la DFB Felix Linnemann, que se alineó desde el primer momento con el régimen, se adelantó a este decreto y en un comunicado fechado el 19 de abril, es decir dos meses antes que el decreto ministerial, anunciaba que marxistas y judíos no eran deseables en los clubes de fútbol. Siguiendo la estela del decreto, la DFB introduce la obligación para cada jugador, entrenador y directivo que quiera integrarse en un club el deber de presentar la referencia de dos reconocidos no marxistas para poder inscribirse o formar parte de la directiva. Linnemann no será el único miembro de la DFB en afiliarse al partido. El seleccionador Otto Nerz y su ayudante Josef Herberger lo harán en 1937.

A partir de este anuncio muchos clubes de fútbol expulsarán a jugadores, directivos y patrocinadores. El Eintracht Frankfurt a su tesorero Hugo Reiss, el Nürnberg a su entrenador Jenö Konrad, y el Bayern a su entrenador Richard Kohn, mientras que su presidente Kurt Landauer (1884-1961) era obligado a renunciar a su cargo. En 1938 fue encarcelado en Dachau, del que salió por su historial militar durante la Primera Guerra Mundial. En 1939 se exilió en Suiza, donde en 1943 fue saludado por los jugadores del Bayern en un amistoso contra la selección de ese país. Volvió a Múnich en 1947 y fue nombrado de nuevo presidente en 1951. Estos son algunos de los casos más conocidos de los miles que fueron expulsados.

Una de las medidas que implementó el régimen nazi que más influyó en el fútbol fue la nueva organización territorial. Los nazis eliminaron los antiguos Lander y dividieron el país en *Gaus* (zonas administrativas) dirigidas por un *Gauleiter* (gobernador provincial). Esta medida afectó al fútbol, ya que al desparecer las antiguas unidades territoriales desparecieron las Asociaciones de Fútbol Regionales, puesto que sus territorios habían desaparecido. Conforme a la nueva organización el fútbol alemán se reordenó en dieciséis *Gauligas*.

Las Gauligas originales de 1933 fueron la Gauliga Baden (estado de Baden), Bayern (toda Baviera, excepto el Palatinado), Berlin-Brandemburgo (Prusia), Hessen (estado de Hesse, excepto la región de Frankfurt), Mitte (Turingia y alta Sajonia), Mittelrhein ( Rhin medio y el Rheinland), Niederrhein (Bajo Rhin), Niedersach-

sen (Baja Sajonia y Bremen), Nordmark (Hamburgo, Schleswig-Holstein y la zona oeste de Meckleburgo), Ostpreussen (Prusia Oriental y Danzig), Pommern (Pomerania), Sachsen (Sajonia), Schlesien (Silesia), Südwest (Palatinado, Sarre y Frankfurt), Westfalen (Westfalia) y Württenberg (Württenberg). A medida que Alemania se fue expansionando se añadieron Böhmen und Mähren (Bohemia y Moravia 1938), Danzig-Westpreussen (territorio del Reichsgau Danzig y Oeste de Prusia, creada en 1940), Elsass (Alsacia, 1940), Generalgouvernement (Gobierno General de Polonia, 1941), Ostmark (Austria, 1938, a la que se añadió en 1941 el territorio del norte de Yugoeslavia, formando la Gauliga Donau-Almerland), Sudetenland (región de los Sudetes, 1938) y Watherland en 1941.

El formato para la fase final que incluía todos los campeones de cada Gauliga, se establecía mediante una fase de cuatro grupos de cuatro equipos, jugaban todos contra todos a doble vuelta, y los dos primeros de cada grupo jugaban las semifinales, mientras que la final era en campo neutral. El campeón recibía el título de *Gaumeister* (Campeón de la Gauliga) y el trofeo seguía siendo la escultura de la diosa Viktoria.

El efecto más inmediato de esta nueva organización fue que muchos clubes quedaron englobados en regiones muy pequeñas con poco público, y otros en muchos mayores, por lo que debían realizar largos viajes para jugar sus partidos. Esta circunstancia creó graves problemas económicos a gran cantidad de clubes que provocaron su desaparición, así como la fusión de muchos otros para poder subsistir. De este modo el fútbol alemán sufrió una drástica reducción en el número de clubes, circunstancia que a la larga benefició, como veremos, a la selección nacional.

Cuando llegaron los nazis al poder, la temporada 1932/33 ya se encontraba en marcha, por lo que ésta continuó bajo los parámetros organizativos anteriores. El campeón fue un sorprendente Fortuna Düsseldorf, que rompiendo todos los pronósticos, se impuso en la final al favorito Schalke 04 por 3-0. El Fortuna basó sus triunfos en las eliminatorias y en la final en la capacidad goleadora de hombres como el centrocampista Paul Mehl (1912-1972), y los delanteros Felix Zwolanowski (1912-1988) y Georg Hochgesang (1897-1988); este último fue entrenador del club en los

años cuarenta, y anteriormente del Hamburg y Bochum; todos ellos con cinco goles en la fase final.

El equipo que dominó el fútbol alemán durante la mayor parte del periodo nazi fue el Schalke 04. Entre los años 1933 y 1942 jugó catorce de las dieciocho finales posibles; en la temporada 1935/36 no perdió un partido en casa y solo seis de visitante; y entre 1933 y 1945 ganó 162 partidos de 189 disputados en la Gauliga Westfalen. En la década de 1934 a 1944 ganó once títulos, y solo entre 1934 y 1940 cinco. Estos números muestran el potencial del equipo minero durante este periodo.

El Schalke 04 basó su dominio en un juego combinativo, de pase plano y corto y veloz que llegó a ser conocido como *Kresielbewegung* (movimiento de peonza), por la forma en que se movía en el campo y maniataba a sus rivales incapaces de detectar por donde se movía el balón o los desmarques de sus delanteros. Este tipo de juego lo fueron introduciendo a mediados de los años veinte los hermanos Fred y Hans Ballmann, jugadores del club que habían estado prisioneros en Gran Bretaña e importaron el juego de pase plano y con velocidad que era habitual en las islas; y fue implementado por la aportación del técnico austriaco Gustav Wieser, que si bien solo estuvo la temporada 1928/29, aportó al equipo las tácticas y formas de jugar que luego mostraría el Wünderteam austriaco.

Las dos figuras del equipo eran los cuñados Fritz Szepan (1907-1974) y Ernst Kuzorra (1905-1990), que formaban una sociedad de gran calidad técnica y goleadora. Se decía que sin ellos el Schalke 04 no hubiera sido lo que fue. Szepan fue un centrocampista de gran calidad, con amplia comprensión del juego, buen toque y pase. Era el líder del equipo. En 1937 se afilió al Partido Nazi, y tras la Noche de los Cristales Rotos en 1938, se le concedió la gerencia de los almacenes Julius Rode propiedad de unos judíos que morirían en Auschwitz. En 1939 ingresó en el consejo de Liderazgo de la Oficina de fútbol del Reich. Szepan tras la guerra pagó una indemnización por el caso del almacén y fue presidente del club entre 1964 y 1967.

Kuzorra fue un delantero atlético y goleador. Al igual que su cuñado ingresó en el Partido Nazi, si bien no recibió tantos favores, por lo que no tuvo tantos problemas al finalizar la contienda.

El Schalke 04, más allá de los triunfos deportivos, se convirtió en un fenómeno de masas; tuvo miles de seguidores a lo largo de todo el país, y sus victorias se celebraban en multitud, nada diferente a la actualidad. Su jugadores se convirtieron en estrellas mediáticas, con amplio seguimiento por parte de los aficionados y de la prensa no solo deportiva. Se rumoreó, o se afirmó, que era el equipo del régimen, y que incluso Hitler había asistido al estadio a ver un encuentro, aspecto totalmente falso ya que no era un entusiasta del fútbol. Lo cierto es que el régimen se aprovechó de los éxitos del equipo, puesto que concedía al Partido Nazi la vitola de partido obrero (por ser el equipo de los mineros); y muchos jerarcas nazis eran socios o simpatizantes del equipo, y como hemos visto, la mayoría de sus jugadores y dirigentes eran miembros del Partido. Todo ello, sin embargo no quita ni un ápice a las victorias del equipo minero que vencía por ser mejor que sus rivales.

La temporada 1933/34 vio el primer triunfo del Schalke 04 que se impuso en la final al FC Nürnberg por 2-1, con dos goles de Kuzorra, frente a 45 000 espectadores.

El trabajo de Nerz al frente de la selección nacional iba dando sus frutos, y consiguió que el equipo estuviera imbatido desde marzo de 1933 hasta junio de1934. Con este cártel, Alemania se presentó al Mundial de fútbol que se celebró en Italia en 1934. La principal noticia fue que Nerz no convocó a Kuzorra, estrella del Schalke 04; la realidad es que a Nerz no le gustaba Szepan, con quien había tenido discrepancias por considerar que no defendía cuando le tocaba y que mantenía actitudes personalistas; como no se atrevió a dejarle fuera, optó por eliminar a su socio en el equipo minero.

Junto a Szepan, destacaban en la convocatoria el portero del Jahn Regensburg Hans Jakob (1908-1994), el defensa del Alemannia Aachen Reinhold Münzenberg (1908-1994), y los delanteros Otto Siffling (1912-1939) del Waldhof Mannheim, Edmund Conen (1914-1990) del Saarbrücken, que con cuatro goles en el campeo-

nato, fue el segundo máximo goleador del mismo, y Ernst Lehmer (1912-1986) del TSV Ausburg.

El sistema de competición era muy diferente al actual al competir muchas menos selecciones. Existían ocho cabezas de serie, Alemania era una de ellas, y se enfrentaban al resto de selecciones en eliminatorias directas. En la primera de ellas, Alemania venció a Bélgica por 5-2. En los cuartos de final venció a Suecia por 2-1 y de forma inesperada, ya que nadie la incluía entre las favoritas a Alemania; se clasificó para semifinales donde se enfrentó a una temible Checoeslovaquia, siendo derrotada por 1-3. Si bien el combinado alemán dominó la primera parte, los checos con mejor calidad en sus jugadores, y con la figura de su delantero Oldrich Nejedly, cumplieron con los pronósticos. Alemania jugó contra Austria la final de consolación a la que venció por 3-2 con un gol de Lehmer a los veintiocho segundos de iniciarse el partido, siendo durante 28 años el gol más rápido en marcarse en un Mundial, hasta que el checo Vaclav Masek hizo uno a los dieciséis segundos en el Mundial de 1962. Alemania consiguió la medalla de bronce siendo el mayor éxito del fútbol alemán hasta ese momento.

La temporada 1934/35 volvió a ver un triunfo del Schalke 04 que se impuso en la final por 6-4 sobre el VfB Stuttgart, en la que fue la final con más goles, y la que tuvo el récord de espectadores hasta el momento, albergando el Müngersdorfer Stadion de Colonia a 74 000 personas.

En 1935 dio inicio la DFB Pokal, que llevaría el nombre de Von Tschammer, ya lo explicamos anteriormente, que se celebró entre el 6 de enero y el 8 de diciembre de ese año. La competición la jugaron 4100 equipos, que se fueron eliminando hasta quedar 63 que iniciaron una fase final de cuatro rondas. En la final celebrada en el Rheinstadion de Düsseldorff se impuso el FC Nürnberg al Schalke 04 por 2-0.

Contra todo pronóstico el Schalke 04 no fue el vencedor en la temporada 1935/36, y ni tan siquiera se clasificó para la final. El campeón fue el FC Nünberg que ganó en la final por 2-1 al Fortuna Düsseldorff.

En 1936 se celebraron en Berlín los JJOO, que debían de servir para mostrar al mundo el desarrollo de Alemania bajo el nazismo.

El fútbol, tras el buen papel del Mundial, aparecía como un ejemplo perfecto. Nerz no convocó ni a Szepan ni a Kuzorra. En el primer partido Alemania se impuso por 9-0 a Luxemburgo, pero en el posterior partido de cuartos cayó eliminada ante Noruega por 0-2. El partido fue presenciado por Hitler, quien se tomó la derrota como una afrenta nacional. Nerz fue destituido de su cargo, si bien su militancia nazi y sus buenos contactos le permitieron seguir en la DFB y trabajar en la Universidad, siendo sustituido por su ayudante Josef "Sepp" Herberger que permaneció en el cargo hasta 1942, volviendo a tomar el puesto tras la guerra.

El Schalke 04 se resarció de su mala temporada anterior y en la 1936/37 consiguió el doblete de Liga y Pokal. En el campeonato alemán se impuso al FC Nürnberg por 2-0 frente a 100 000 espectadores en el estadio Olímpico de Berlín, y que es considerada la peor final en calidad de juego hasta la fecha, y más tarde en la Pokal al Fortuna Düsseldorff por 2-1.

A nivel de la selección, aunque Nerz ya no era el seleccionador, mantenía un importante papel en la elección de jugadores, y entre él y Herberger confeccionarán uno de los onces que tuvo mayor repercusión nacional por el buen juego mostrado. El equipo seleccionado se conocerá como el Breslau Elf (Once de Breslau), por jugarse en esa ciudad (hoy Wroclaw en Polonia) el 16 de mayo de 1937 un partido entre la selección alemana y Dinamarca, que terminó con una aplastante victoria germana por 8-0 con un juego espectacular. El once estaba formado por Hans Jakob (Jahn Regensburg), Paul Janes (Fortuna Düsseldorff), Reinhold Münzerberg (Aaachen), Andreas Kupfer (Schweinfurt), Ludwig Goldbrunner (Bayern), Albin Kitzinger (Schweinfurt), Ernst Lehner (Ausburg), Rudi Gellesch (Schalke 04), Otto Siffling (Mannheim), Fritz Szepan (Schalke 04) y Adolf Urban (Schalke 04). El equipo era una mezcla del furor germánico con el juego elegante escocés, practicando a la perfección la WM, con Siffling con total libertad detrás de Szepan y Urban. El resultado levantó la esperanza de hacer un papel muy destacado en el Mundial del año siguiente.

La temporada 1937/38 verá una de las finales más disputadas hasta el momento, en la que venció el Hannover 96 por 4-3 al Scha-

lke 04, siendo la primera final del campeonato que perdía el equipo minero.

En marzo de 1938 las tropas alemanas entraban en Viena ante el júbilo de la población, y Hitler proclamaba el Anschluss (anexión) ese mismo día, siendo ratificado en referéndum días después. En el plano futbolístico se creará la Gau Ostmark que engloba el territorio austriaco y a todos sus equipos, que jugarán las finales del Gaumesiter y la Pokal. Al igual que sucedió en Alemania, se aplicarán las medidas raciales e ideológicas contra judíos y marxistas, que afectó a clubes totalmente judíos como el FK Austria y el First Viena.

Los jugadores del Wünderteam austriaco pasarán a jugar con la selección alemana, sucediendo el caso de Matthias Sindelar, considerado el mejor jugador de su tiempo, que se negó a jugar con la selección alemana, por ser contrario a la anexión y a los nazis. Sindelar murió en extrañas circunstancias junto a su pareja principios de 1939, en principio por suicidio, si bien corrieron rumores que fue asesinado por la Gestapo.

El primer efecto sobre el fútbol alemán con la incorporación de los clubes austriacos, se produjo en la Pokal que se alargó hasta inicios de 1939 y que venció el Rapid Wien por 3-1 sobre el FSV Frankfurt, siendo el primer equipo austriaco en ganar un trofeo alemán.

En junio de 1938 se celebró en Francia el Mundial de fútbol, y con la anexión de Austria, Alemania aparecía entre las favoritas al título. Esta vez no hubo cabezas de serie y se jugaron los octavos directamente. Alemania jugó contra Suiza y empató a uno, por lo que se tuvo que jugar un *replay*, que perdieron estrepitosamente los alemanes por 2-4, quedando eliminados a las primeras de cambio. La temprana eliminación supuso una profunda decepción en la DFB y en el público alemán, pero a diferencia de lo ocurrido en los JJOO, no se destituyó al entrenador, en este caso “Sep” Herberger.

La temporada anterior al estallido de la Segunda Guerra Mundial —temporada 1938/39—, la ganó el Schalke 04 por 9-0 al Admira Wien, siendo la final en la que hubo una mayor goleada por parte del equipo vencedor. La final de la Pokal que se celebró el 28

de abril de 1940, la ganó el FC Nürnberg que venció al Waldorf Mannheim por 2-0.

El 1 de septiembre de 1939 Alemania invadía Polonia, y dos días más tarde Gran Bretaña y Francia le declaraban la guerra, empezando la Segunda Guerra Mundial. La declaración de guerra retrasó el inicio de la temporada, pero el rápido final de la campaña polaca, y los deseos de Hitler que la guerra no afectase a la vida normal de la población, llevó a que se iniciara la competición. Será a medida que la guerra se alargue y aparezcan las derrotas alemanas, cuando la contienda se deje sentir en profundidad en el fútbol.

Así la temporada 1939/40 se inició en los Gau a finales de octubre, y los clubes pudieron contar con todos sus jugadores, ya que en un principio no se les movilizó. El Schalke 04 volvió a proclamarse campeón al vencer por 1-0 al Dresdner SC. El equipo sajón se proclamó campeón de la Pokal al vencer por 2-1 al FC Nürnberg, empezando a mostrar las características que le harían ser el equipo dominador en los últimos años del nazismo.

La temporada 1940/41 fue la última en que se jugó con una cierta normalidad. La final la jugó el Rapid Wien que venció por 4-3 al Schalke 04. Se da la circunstancia que la fecha del partido fue el 22 de junio, el mismo día que Alemania ponía en marcha la Operación Barbarroja, la invasión de la URSS. Esta final aparece en la película *Das grosse Spiel* (Robert A Stemmle, 1942). El Schalke 04 fue también finalista de la Pokal que perdió frente al Dresdner SC por 2-1.

A medida que los alemanes iban ocupando territorios, algunos jugadores que habían abandonado Alemania caían en manos de la Gestapo. El caso más conocido es el de Oskar Rohr, jugador del Bayern campeón en 1932, y que se marchó a Suiza y luego a Francia donde jugo en el Racing Strasburgo (marcando 117 goles en cinco temporadas). De simpatías comunistas pasó a la Francia de Vichy tras la ocupación alemana, pero en noviembre de 1942 fue detenido por la policía francesa por realizar propaganda comunista y entregado a la Gestapo. Al ser un jugador conocido en Alemania, no se le envió a un campo de concentración, sino que se le destinó al Frente del Este. Allí fue reconocido por un alto oficial del ejército y se le trasladó a Alemania en 1944. Tras la guerra jugó en el Man-

nheim. Su sobrino nieto Genot Rohr jugó en el Bayern y fue entrenador en Francia, y durante un tiempo director deportivo del Niza.

La temporada 1941/42 ya vivió algunas de las restricciones provocadas por el conflicto; se movilizó a alguno de los jugadores, y los transportes militares tenían preferencia sobre los civiles, lo que ocasionaba problemas de desplazamientos para muchos clubes, en especial a aquellos que estaban más próximos al Frente del Este. El campeón de esta temporada fue el Schalke 04, que se impuso por 2-0 al First Viena FC. El equipo minero fue finalista también de la Pokal, que perdió ante el 1860 München por 0-2. La final se jugó el 15 de noviembre cuando se estaba combatiendo en Stalingrado, cuatro días antes de la Operación Urano lanzada por el Ejército Rojo y que supuso el cerco del 6º ejército.

En 1942 se debería haber celebrado el Mundial de fútbol, que por razones obvias no se celebró: La selección alemana hasta 1942 jugó algún partido internacional de carácter amistoso con países aliados como Hungría y Rumania. En estos partidos debutó en la selección un jugador que fue denominado el mejor de su época, y que en años posteriores se le llamó el Beckenbauer de los años cuarenta. Este jugador era Fritz Walter (1920-2022), centrocampista de gran calidad. Walter jugó siempre en el Kaiserslautern y destacaba por su visión de juego, gran calidad técnica y liderazgo del equipo. Durante la guerra sirvió como paracaidista; tras la misma siguió jugando en su equipo y fue jugador de la selección que ganó la final de Berna de 1954.

La derrota alemana en Stalingrado y la declaración de guerra total por parte de Goebbels afectó de forma directa al fútbol. La mayoría de jugadores en edad militar fueron movilizados, los clubes debían participar en la economía de guerra y el país empezó a sufrir la campaña de bombardeos aliados que afectaron a las infraestructuras básicas, y en muchos casos, a los campos de fútbol.

La temporada 1942/43 asistió al triunfo del Dresdner SC, que se impuso en la final por 3-0 al FV Saarbrücken. El Dresdner SC fue fundado en 1898 por antiguos miembros del Dresden English Football Club. En los años cuarenta se caracterizó por un juego de toque y calidad, recogiendo influencias del antiguo juego austriaco y del

húngaro. Sus principales jugadores fueron Richard Hofmann, de quien ya hablamos anteriormente, el centrocampista Herbert Pohl (1916-2010), y en especial el delantero Helmut Schön (1915- 1996) jugador de gran clase, no solo buen goleador. Se caracterizaba por su calidad fuera del área y su potencia física, así como sus grandes desmarques que sorprendían a las defensas contrarias. A Schön lo volveremos a ver más adelante, ya que fue seleccionador de la RFA en los triunfos de la Eurocopa 1972 y el Mundial 1974.

Durante la guerra la Luftwaffe y las SS crearon equipos de fútbol entre sus miembros, equipos que jugaron las competiciones de los Gaus en que estaban inscritos estos equipos. Los más importantes fueron el Luftwaffe SC Pütnitz, y el SU SS Strasburg, quienes por su puesto tenían siempre algunas ayudas extras por lo que eran.

La temporada 1943/44 fue la última que se jugó en toda Alemania. El vencedor fue de nuevo el Dresdner SC que se impuso por 4-0 al equipo de la Luftwaffe SV Hamburg. La final se jugó el 18 de junio de 1944 cuando los Aliados ya habían desembarcado en Normandia. La Pokal ya no pudo disputarse debido a los bombardeos y a las necesidades de guerra. En 1944 prácticamente todos los jugadores fueron incorporados a filas, por lo que ya no se disputó la temporada 1944/45, salvo algunos partidos regionales.

Los últimos partidos jugados en suelo alemán antes de la rendición fueron el derbi de Múnich jugado el 23 de abril de 1945 que ganó el Bayern por 3-2 al 1860 München, y el 29 de abril, un día antes del suicidio de Hitler, un Hamburg 4 Altona 2.

El 8 de mayo de 1945 Alemania se rendía oficialmente. La guerra había terminado dejando una Alemania en ruinas y dividida en zonas de ocupación por los países Aliados. Entre las miles de víctimas alemanas se contaban muchos futbolistas que perdieron la vida; debe señalarse que murieron cuarenta y nueve internacionales con la selección, otros quedaron mutilados, y algunos fueron víctimas de la persecución nazi y murieron en los campos de concentración. El fútbol alemán, al igual que el país también se encontraba en ruinas.

# CAPÍTULO II

## EL FÚTBOL DURANTE LA OCUPACIÓN (1945-1949)

La posguerra de la Segunda Guerra Mundial fue para Alemania totalmente diferente a la de la Primera. El país se encontraba devastado por los bombardeos y las batallas ocurridas en su territorio, casi no quedaban infraestructuras en pie o utilizables, la mayoría de las ciudades estaban destruidas, y gran parte de la población estaba sin hogar, junto a un gran número de refugiados de zonas del este que se agolpaban en las zonas occidentales. Alemania debía empezar de cero, es la llamada *Stunde Null* (Hora Cero).

A la devastación del país y el sufrimiento de los ciudadanos, se añadía que Alemania en virtud de los acuerdos establecidos entre los países aliados, se encontraba dividida en cuatro zonas de ocupación, administrada por cada una de las cuatro principales potencias de la coalición contra Hitler. Así quedaron establecidas una zona de control británica que incluía Schleswig-Holstein, Hamburgo, Baja Sajonia y Renania del Norte-Westfalia; una zona americana con Baviera, Hesse, Bremen y parte de Baden-Wüttenberg, y una zona soviética con Meckleburgo, Sajonia-Anhalt, Sajonia, Turingia y Brandenburgo.

Berlín, como capital, quedaba dividida en cuatro zonas bajo el mando del Consejo de Control Aliado. Al mismo tiempo Alemania perdía Memel y parte de Prusia Oriental que pasaban a la URSS, y Pomerania, Silesia y otra parte de Prusia Oriental a Polonia. El

Sarre, al igual que ocurrió tras la Primera Guerra Mundial, quedaba bajo protectorado francés a expensas de un referéndum sobre su futuro.

Los efectos de la posguerra se dejaron sentir, como no podía ser de otro modo, en el fútbol que también vivió su Stunde Null. Por los Acuerdos de Postdam (agosto 1945) los clubes de fútbol, al igual que todas las organizaciones de la época nazi, fueron disueltos, si bien se les permitió continuar en forma de asociaciones de nueva creación, por lo que la gran mayoría cambiaron el nombre del club y continuaron su actividad; hay que señalar que esta disposición se aplicó más en la zona soviética y francesa, mientras que británicos, y en especial americanos, fueron más laxos.

El principal problema al que se enfrentó el fútbol alemán en la inmediata posguerra fue la falta de infraestructuras y de jugadores. Muchos de los estadios y oficinas de los clubes habían sido destruidos a causa de los bombardeos o los combates en los pueblos y ciudades; por otra parte la destrucción de la red ferroviaria, y la prioridad de los convoyes aliados sobre el tráfico civil, hacían casi imposible los desplazamientos. Finalmente la gran mayoría de jugadores, que habían sido movilizados a filas en los dos últimos años del conflicto, se encontraban prisioneros en los campos de internamiento aliados.

Los americanos fueron los más permisivos en su zona de ocupación en lo referente a la práctica del fútbol, y así seis semanas después de la capitulación, un grupo de aficionados del Bayern y otros del FC Wacker jugaban con las camisetas de los clubes en las cercanías del campo del Bayern un partido de fútbol, en que ganó el Wacker por 4-3, y una semana después se repetía el partido en el que ganó el Bayern por 3-1. El propio órgano de Control Americano de la Zona permitió que el 1 de julio el TSV Schwaben Ausburg, liderado por Ernst Lehner, jugase un partido contra prisioneros de un campo cercano a la localidad, y el 26 de agosto en el derruido estadio de la ciudad de München frente a 12 000 espectadores se celebrase el derby ciudadano entre Bayern y TSV 1860 München que terminó con empate a dos.

Así pues, fue en la zona americana donde se produjo el reinicio del fútbol alemán en lo que más tarde sería la RFA. Con la conni-

vencia del mando americano, el empresario Gustav Sackmann de Stuttgart, recorría los territorios de la zona para encontrar comida y materias primas, y aprovechó la circunstancia para conocer el estado de los clubes de fútbol de la región e intentar una mínima reconstrucción; para ello contaba con la ayuda del portero del VfB Stuttgart Ernst Schnaitmann (1915-1981), de Fritz Walter (1900-1981) presidente del club desde 1944, cargo que ocupó hasta 1968, y de un dirigente de la DFB Curt Müller, y cuyo objetivo final era crear una liga de fútbol parecida a la británica en la zona de ocupación americana.

En sus viajes y conversaciones con los clubes establecieron unos criterios de selección para elegir a los equipos que formarían parte de esta liga, y que fueron contestados por varios de los clubes que quedaron fuera, ya que realmente no se conocen con exactitud cuales fueron, puesto que ciudades como Stuttgart, Mannheim, Ausburg y München tenían dos equipos, Nürnberg y Fürth uno, y otras como Kassel, ninguno. Finalmente, y con permiso de las autoridades americanas, se reunieron el 22 de septiembre de 1945 en la posada Krone de Stuttgart los dieciséis equipos seleccionados, fundando la Asociación de Clubes del Sur de Alemania, que tras el permiso americano, crean el 13 de octubre la Oberliga Süd (Liga del Sur de Alemania) con Fritz Walter como primer presidente. En la Liga había equipos como el BC Ausburg, Eintracht Frankfurt, SpVgg Fürth, Phoenix Karlsruhe, Karlsruhe FV, Bayern München, TSV 1860 München, el FC Nürnberg y el VfB Stuttgart por citar los más conocidos.

La Oberliga Süd se inició tras el permiso de las autoridades americanas el 4 de noviembre de 1945. El primer campeón fue el VfB Stuttgart gracias al acierto goleador de su delantero centro Robert Schlienz (1924-1995), que fichó por el club en 1945. Delantero rápido y con habilidad, fue famoso porque jugó sin el antebrazo derecho que perdió en 1948 tras un accidente de coche. Todos los partidos tuvieron una gran afluencia de público. La O. Süd estuvo vigente hasta 1963 cuando se creó la Bundesliga, y hasta ese momento, el equipo que más veces la ganó fue el FC Nürnberg (seis títulos).

En la zona de ocupación francesa se impidió en el primer momento las actividades de los clubes de fútbol, poco a poco fueron permitiendo alguna actividad de forma muy limitada, exceptuando al FC Saarbrücken, que por pertenecer a la región del Sarre, pudo ejercer su actividad casi de forma normal. Hacia finales de 1945 con el ejemplo de la zona americana, permitieron que los clubes se fueran organizando, y el 20 de enero de 1946 se creó la Oberliga Südwest (Liga del Suroeste), que se dividió posteriormente en dos grupos: el Grupe Saar-Plalz-Hessen (parte norte de la zona de ocupación), si bien posteriormente el Saar saldría de la misma, y el Grupe Süd que incluía la zona de Baden-Wüttenberg bajo ocupación francesa.

El primer campeón del Grupe Sarr fue el FC Saarbrücken (club fundado en 1903), y el del Grupe Sud fue el SV Fortuna Rastatt (club fundado en 1904). Los dos campeones de grupos jugaron una final a doble vuelta, en la que se impuso el FC Saarbrücken en el partido de ida por 5-0, y en el de vuelta empataron 4-4, por lo que el equipo del Sarre fue el primer campeón de la zona francesa. El equipo que más veces ganó la Oberliga Südwest fue el FC Kaiserslautern con once títulos.

En la zona de ocupación británica la situación fue de máxima dificultad para la práctica del fútbol. Los británicos actuaron con gran severidad con la población alemana, y eso se extendió a los clubes de fútbol. El permiso para poder jugar dependía de la voluntad de cada comandante de distrito, por lo que en un principio solo se pudieron jugar partidos a nivel municipal, como mucho de ciudades vecinas. Además los británicos practicaron la política de confiscación de propiedades para paliar las dificultades económicas por las que atravesaba Gran Bretaña, y esta se extendió al fútbol, en concreto a los clubes de la cuenca del Ruhr, confiscando material del Borussia Dortmund que fue enviado al Manchester United.

Finalmente, y por presiones de los americanos, permiten en 1947 la creación de la *Oberliga West* en la que participarán clubes como el Borussia Dortmund, Schalke 04, Fortuna Düsseldorff y el Borussia Mönchengladbach. El campeón en el primer año fue el Borussia Dortmund, quien empezó a contar con dos de los mejores delanteros que tendrá el fútbol alemán en este periodo. August

Lenz (1910-1988) jugador de pequeña estatura, gran agilidad en el área y de buen remate con las dos piernas, y que fue el primer jugador internacional del Dortmund; y Alfred Dreissler (1910-2003) que ingresó en el club en 1946, y fue un delantero centro al uso, pero muy goleador. En 1949 marcó 25 goles y en 1950, 24. Hasta su disolución en 1963, el equipo que más títulos ganó de la O. West fue el Borussia Dortmund con seis campeonatos.

En 1947 también en la zona norte británica y la zona americana de Bremen se crea la *Oberliga Nord* en la que participan equipos como Hamburg SV, Werder Bremen, St Pauli, Hannover 96, o Holstein Kiel. El primer campeón de la misma fue el Hamburg SV, quien también consiguió el mayor número de títulos.

En la zona de ocupación soviética la práctica del fútbol se vio incapacitada en un principio por la devastación que sufría la zona, ya que fue en la que se produjeron los combates en suelo alemán de mayor intensidad. Los soviéticos habían aplicado los Acuerdos de Postdam y habían disuelto los clubes de fútbol y solo se permitían asociaciones deportivas de carácter social (Sports Gemeinschaft, siglas SG); así muchos clubes cambian de nombre como el VfB Leipzg que se llamará SG Probstheida o el Dresdner DC SG Dresdner- Friedrichstadt. No obstante en 1946 a instancias de la *Freier Deutsche Jugend* (Juventud Libre Alemana) organización juvenil del SED (Partido Socialista Unificado Alemán), se empiezan a organizar a nivel local partidos de fútbol con el ánimo de mejorar el estado anímico de la población. Eran partidos en los que los aficionados llevaban sillas ellos mismos debido al estado medio derruido de los estadios.

En 1948 se crea bajo la dirección de la FDJ y de la *Freier Deutscher Gewerschaftsbund* (Federación de Sindicatos Libres Alemanes), el *Deutschen Sportausschusses* (Comité del Deporte Alemán), con una sección de fútbol que organiza un campeonato para elegir al campeón de la zona soviética. El sistema era parecido al que se aplicaba en Alemania antes de la guerra; se jugaba un torneo de clasificación en cada Land y los dos primeros jugaban una fase final por *KO*.

El campeonato se inició el 13 de junio y la final se disputó el 18 de julio en Dresde ante 15 000 espectadores en un partido que

enfrentó al SG Planitz, que se impuso por 1-0, al S.G Freimfelde Halle. El autor del único tanto correspondió al delantero Horst Weiss (1917-1967) joven delantero centro que ya había destacado antes de la guerra en el Hannover 96 y el Eintracht Braunschweig. El SG Planitz fue el campeón de la zona y participaría del campeonato alemán de zonas que se celebró el año siguiente.

El comité de Deportes alemán por resolución del 1 de octubre de 1948, sustituye las Asociaciones Deportivas por Asociaciones Deportivas de Empresas, las denominadas Betriebs Sport Gemeinschaft (BSG), principalmente en las empresas dedicadas a la producción y alimentación. Los responsables de estas asociaciones serán las secciones sindicales de cada una de las empresas en cuestión. Los recursos económicos para el mantenimiento de las mismas proceden de los fondos sindicales y de los beneficios empresariales.

En Berlín, bajo el Control Supremo Aliado, se disolvieron los clubes de fútbol y solo podían funcionar bajo el paraguas de asociaciones recreativas. Aun así en la segunda mitad de 1945 se permite la creación de una especie de campeonato, que consiste en dividir a la ciudad en secciones (cuatro en total), donde jugarían los equipos de las mismas, y los campeones se enfrentarían para elegir al campeón de la ciudad. Este sistema en el que participaron 67 equipos se vio que era irrealizable y se decidió establecer una fase de 36 equipos siguiendo el mismo modelo, para crear una Liga de Berlín de los mejores 12 equipos. El primer equipo ganador de esta fase clasificatoria fue el SG Charlottenburg. La *StadtsLiga Berlin* se inició en 1946 y el primer campeón fue el S.G Wilmersdorf.

Uno de los principales problemas que sufrieron estos primeros partidos fue el de la alimentación de los jugadores, ya que al existir un racionamiento de los alimentos, los jugadores no consumían las calorías suficientes para la práctica deportiva. Para paliar esta situación, se jugaron los llamados Kalorien o Kartoffelspiele (Partidos de calorías o patatas) en los que los clubes jugaban partidos amistosos en pueblos pequeños y las entradas eran patatas u otros alimentos que producían los campesinos. Algunos clubes consiguieron que algunas empresas alimentarias pagasen su patrocinio con productos alimenticios.

El 15 de febrero de 1947 en una reunión de los responsables de las tres zonas de ocupación de los Aliados Occidentales, se decidió la creación de un campeonato de fútbol alemán de todas las zonas de ocupación. El campeonato que se debía iniciar en el otoño de ese año se compondría de una fase final de ocho equipos conformada por los campeones de las cuatro zonas de ocupación y el de Berlín, y los subcampeones de las zonas de ocupación americana, francesa y británica.

La fase final empezó en el tiempo previsto, pero sin conocerse todavía el campeón de la zona soviética, por lo que los cuartos de final tuvieron que esperar hasta junio de 1948. El desarrollo del campeonato estuvo marcado por los acontecimientos políticos del momento con el inicio de la guerra fría en el que Alemania se convirtió en el principal escenario. El 21 de junio de 1948 los aliados occidentales introdujeron el marco alemán en sus zonas a través de la reforma monetaria sin consultar a los soviéticos, lo que provocó el bloqueo de Berlín y una situación muy tensa. En el plano del fútbol se tradujo con la retirada del SG Planitz de la competición.

La final la jugaron el 8 de agosto en el Müngersdorfer Stadion de Colonia, ante 75 000 espectadores, el FC Nürnberg que se impuso por 2-1 al FC Kaiserslautern. En el FC Nürnberg destacan jóvenes jugadores que tendrán gran relevancia en el futuro del equipo y de la selección nacional. Hans Pöschl (1921-1999) conocido como *Der blonde Hans* (el rubio Hans) era un delantero centro de gran versatilidad en el área y con gran capacidad goleadora; Helmut Herbolsheimer (1925) extremo derecho de gran velocidad y *dribbling*; y principalmente Max Morlock (1925-1994) centrocampista de gran calidad y potencia física, que podía jugar como delantero ya que poseía una gran capacidad goleadora. Fue el único jugador que disputó el primer y último partido de la Oberliga Süd. Elegido en 1961 como Jugador del Año. Tras su muerte en 1994 se decidió que el estadio del equipo llevase su nombre.

En 1948 se producirá un acontecimiento que tendrá importantes repercusiones para el futuro del fútbol alemán, en especial en la República Federal Alemana. El 1 de agosto la Oberliga Süd decide establecer el *Vertragspieler* (jugador contratado), que rompía con

la tradición amateur del fútbol alemán hasta la fecha. Sin llegar a ser la profesionalización total del jugador, se le parecía bastante. Por este tipo de contrato el jugador firmaba en un club por una o varias temporadas y recibía una compensación económica por ello; el monto era de unos 320 marcos al mes, y el jugador debía demostrar que además del fútbol tenía otra ocupación o se encontraba estudiando. El contrato se podía prorrogar de forma automática al llegar su periodo de finalización si no era rechazado por el club o el jugador. Esta medida fue adoptada por la DFB cuando sea reinstaurada en 1949 con lo que se daba un paso importante en la profesionalización, que no llegaría de forma total hasta la creación de la Bundesliga en 1963.

En 1949 se inició un nuevo campeonato para todas las zonas de ocupación, que al igual que el anterior, estuvo marcado por los acontecimientos políticos. El 23 de mayo de 1949 las tres zonas de ocupación de los aliados occidentales más sus zonas de Berlín, creaban la República Federal Alemana. El equipo campeón de la zona soviética ya no participó en la competición, cuya final se jugó el 10 de julio de 1949 ante 92 000 espectadores en el Neckarstadion de Stuttgart y que enfrentó al VfR Mannheim y al Borussia Dortmund en la conocida *Hitzeschlacht* (partido del calor), por las altas temperaturas y porque hubo de jugarse tres prórrogas de treinta minutos con unos jugadores exhaustos por el calor y el cansancio.

El triunfo correspondió al VfR Mannheim que se impuso finalmente por 3-2 sobre el Borussia Dortmund, y puede considerarse el primer campeón de la RFA.

Al poco de fundarse la RFA, aprovechando la final del campeonato, el 10 de julio en Stuttgart, se reinstauraba la DFB, siendo elegido presidente el Dr. Peco Bauwens (1886-1963), quien se mantuvo en el cargo hasta 1962. Había sido árbitro de fútbol, y tenía un pasado controvertido con el nazismo al que apoyó sin fisuras trabajando en diversos organismos del régimen. Durante su mandato, como veremos en su momento, tuvo actuaciones muy controvertidas y peliagudas. Una de las primeras decisiones que aprobó la DFB fue adoptar el Vertragspieler establecido por la Oberliga Süd a todo el resto de Oberligas.

En la zona soviética se había iniciado el campeonato de zona a principios de 1949. La final se jugó el 26 de junio de 1949 en el Heinz-Steyer Stadion de Dresden frente a 50 000 espectadores. La final la ganó el ZSG Union Halle que se impuso por 4-1 al SG Fortuna Erfurt. En el equipo campeón destacaron sus delanteros Herbert Rappsilber (1925-2003) apodado Teddy, delantero centro rápido y goleador; el extremo derecho Karl Gola de gran agilidad y velocidad y el extremo izquierdo Horst Blüher (1930).

Ese mismo año la Federación de Sindicatos creaba la FDGB Pokal, cuyo primer campeón fue el BSG Waggonbau Dessau que se impuso en la final (28 de agosto) por 1-0 al BSG Gerc Sar en Halle ante 10 000 espectadores.

El 7 de octubre de 1949 se fundaba en la zona soviética la República Democrática Alemana (RDA), como respuesta a la fundación de la RFA. A partir de este momento y hasta 1990, la nación alemana quedó dividida en dos países con dos formas de gobierno ideológicamente enfrentadas, y que durante mucho tiempo fue el escenario principal de la Guerra Fría que afectó al mundo.

Antes de finalizar el presente capítulo es conveniente contestar a un tema espinoso ¿hubo un proceso de desnazificación en el fútbol alemán? La respuesta es la siguiente: en la zona de ocupación soviética fue total, cualquier persona que había colaborado activamente con el régimen nazi fue apartada de sus funciones.

En las zonas aliadas ocurrió como en otros sectores de la sociedad, es decir no, tan solo algún dirigente fue separado de su cargo y juzgado; como serían los casos del presidente de la DFB Felix Linnemann y del ex seleccionador Otto Nerz que fueron encarcelados y juzgados, pero que al poco tiempo salieron de prisión. El jugador del Hamburg Otto Harder que fue miembro de las SS y guardián en un campo de concentración, fue condenado a quince años de prisión, pero en 1951 salió libre.

En otros casos la continuidad fue total. Guido von Mengden y Carl Koppehel que habían sido miembros de las SA y trabajaron en la Oficina del Deporte del Reich, siguieron trabajando sin problemas en la DFB hasta mediados de los sesenta. Sepp Hergeber sería nombrado de nuevo seleccionador nacional, y Fritz Szepan siguió

trabajando en el Schalke 04 sin problemas, llegando a ser su presidente.

La gran mayoría de directivos, funcionarios de la DFB y jugadores que tuvieron puestos de responsabilidad, y que incluso fueron miembros del partido, continuaron ejerciendo sus funciones sin problemas una vez finalizada la contienda.

# CAPÍTULO III

## RFA: EL MILAGRO DE BERNA (1950-1954)

En el mismo instante en que se fundó la República Federal Alemana, ésta se autoproclamó como la continuación histórica de Alemania, y por ende, la verdadera y auténtica representación de la nación alemana.

Las disputas políticas, ideológicas e históricas de tal manifestación no nos corresponden analizarlas en el presente trabajo, pero si remarcar la importancia que las mismas tuvieron para el desarrollo del fútbol alemán, en el caso concreto del fútbol en la RFA.

La primera medida importante que tomaron las autoridades políticas de la recién fundada república respecto al fútbol fue, como vimos, reinstaurar la DFB con la misma estructura anterior a la guerra. Los únicos cambios venían establecidos por los acuerdos de paz impuestos por los vencedores; se habían reducido el número de ligas regionales al agruparse estas en función de las zonas de ocupación, y dejaban de existir las ligas que pertenecían a la RDA y el Sarre que permanecía como territorio autónomo hasta la celebración de un referéndum sobre su futuro.

Vimos como una de las principales decisiones que tomó la DFB fue la implantación para todo el territorio de la RFA del Vertragspieler adoptado por la Oberliga Süd. Con esta medida se ponía fin al amateurismo que había caracterizado al fútbol alemán desde sus inicios. Otra medida importante que se tomará es nombrar de

nuevo a Joseph "Sepp" Herberger como seleccionador nacional de la RFA.

La DFB había sido expulsada de la FIFA al iniciarse la guerra, y no será hasta el 22 de septiembre de 1950, cuando es readmitida en la misma; es por esta razón por la que no pudo participar en el Mundial de 1950 que se celebró en Brasil. Tres semanas después de su readmisión la selección alemana jugó su primer partido oficial con un amistoso frente a Suiza.

Los primeros años del fútbol en la RFA estuvieron dominados por los equipos del sur de Alemania debido a que pudieron mantener en mejores condiciones sus estructuras y su zona tuvo una mejor recuperación económica que el resto.

La temporada 1949/50 se celebró siguiendo el calendario de antes de la guerra, y la final la jugaron el 25 de junio de 1950 en el Olympiastadion de Berlín ante 95 000 espectadores el VfB Stuttgart y el Kickers Offenbach. El partido terminó con victoria por 2-1 del Stuttgart. Fue el primer campeonato en el que no se entregó el Trofeo Viktoria que fue sustituido por el *Meisterschale*, que es el que se sigue entregando en la actualidad.

El VfB Stuttgart fue uno de los mejores equipos del periodo, siendo el principal rival del FC Nürnberg en la Oberliga Süd. Gran parte del mérito en el rendimiento del equipo estuvo en su entrenador Georg Wurzer (1907-1982), que llegó al equipo en 1947 y fichó a muchos jugadores jóvenes de equipos de la zona para poder planificar bien su proyecto. Wurzer se caracterizó por emplear métodos de preparación revolucionarios para la época, realizaba entrenamientos en horarios nocturnos, y al mismo tiempo que se preocupaba por los ejercicios físicos, el tema nutricional y el peso de los jugadores, empezó a trabajar en el aspecto psicológico individual y colectivo del equipo. Estuvo de entrenador hasta 1960 y fue el director técnico que logró más títulos para el equipo.

En el equipo destacaron jugadores como el defensa Erich Retter (1925-2014) y los delanteros Rolf Blessing (1929-2004) extremo izquierdo de gran calidad técnica y velocidad, y el delantero centro Erwin Läpple (1925), jugador de gran movilidad cerca del área y difícil de marcar por su rapidez. Entre 1945 y 1952 marcó 53 goles con el Stuttgart.

El Kickers Offenbach estaba entrenado por Paul Osswald (1905-1993), que ejercía también como profesor de fútbol. Fue un perfeccionista en los métodos de entrenamiento y su especialidad era el trabajo con la cantera. Visitaba los pueblos y aldeas para descubrir jóvenes talentos y se entrevistaba con los padres para convencerles que ficharan por su equipo. Entrenó al Kikers hasta 1958 cuando fichó por el Eintracht Frankfurt con el que jugó en 1960 la final de la Copa de Europa en Hampden Park frente al Real Madrid y que ganó el equipo español por 7-3.

En el equipo destacaba el joven extremo Horst Buhtz (1923-2015), que entre 1950 y 1952 marcó 69 goles en 143 partidos. Jugador de gran velocidad y capacidad rematadora. En 1952 fichó por el Torino, tras el desastre de Superga, siendo el segundo jugador alemán en fichar por la Serie A ganando 150 000 DM por temporada. En 1957 fichó por el Young Boys suizo del que luego fue entrenador. Más tarde tendría una larga carrera de entrenador en equipos de la Bundesliga, entre ellos el FC Nürnberg, Hannover 96 y Borussia Dortmund.

En el transcurso de la temporada, y más concretamente en noviembre de 1949, se produjo el primer fichaje de un jugador alemán a un club italiano; se trató del delantero del TSV 1860 München Ludwig Janda (1919-1981), que firmó por la AC Fiorentina por 30 000 DM.

En la temporada 1950/51 se producirá la victoria del equipo que será la columna vertebral de la selección alemana en el Mundial de 1954, el 1 FC Kaiserslautern. Los *Roten Teufel* dirigidos por Richard Schneider (1919-1982), quien dirigirá el equipo durante la década de los cincuenta; dominarán su Oberliga con un juego agresivo y de gran calidad técnica. Sus jugadores más destacados y que formarán parte de la selección, eran los hermanos Walter; de Fritz Walter hablamos en capítulos anteriores. Ottmar Walter (1924-2013) era el delantero centro del equipo, jugador de potencia y capacidad rematadora, se retiró en 1959. Werner Liebrich (1927-1995) jugaba de defensa central, apodado *Die Fahrer* (el conductor) por su capacidad para sacar el balón desde atrás. Junto a su hermano, Ernst centrocampista en el equipo, estuvo en la prisión en la época nazi debido a la filiación comunista de su padre. El lateral derecho

Horst Eckel (1932- 2021) destacaba por su marcaje, junto al central Werner Kohlmeyer (1924-1974) quien tras el Mundial se divorció y cayó en el alcoholismo y tuvo que vivir de ayudas estatales. Hoy todos ellos, junto a Fritz Walter, tienen una estatua que les recuerda en la entrada del Fritz Walter Stadion.

En la temporada 1951/52 se reincorporaron a la Oberliga Südwest los equipos del Sarre el 1 FC Saarbrücken y el Borussia Neunkirchen, aunque todavía no se había resuelto políticamente el asunto del referéndum de la zona. Ambos equipos habían jugado desde 1948 en la segunda división francesa; el Saarbrücken con el nombre FC Sarrebruck. El equipo se proclamó campeón de la división, pero por razones políticas no se le permitió ascender, tema que no se solucionaría en años posteriores, lo que llevó a la proclamada Saarländische Fussball-Bund (Federación de Fútbol del Sarre) creada el 25 de julio de 1948, a reincorporar a los equipos a la competición alemana.

La Federación del Sarre fue admitida en FIFA y participo en las previas de clasificación para el Mundial de 1954, donde se enfrentó a la RFA. La selección entrenada por Helmut Schön (futuro seleccionador alemán) perdió los dos partidos por 0-3 y 1-3. Finalmente el 7 de julio de 1956 se celebró el referéndum por el que la mayoría de los ciudadanos del Sarre votaron por su reincorporación a la RFA.

El 1 FC Saarbrücken será el finalista junto al VfB Stuttgart de la final de la temporada celebrada en el Ludwigshafener Südweststadion de Ludwigshafen, estadio construido el año anterior, y que venció el Stuttgart por 3-2 ante 84 000 espectadores.

El 1 FC Kaiserslautern será el campeón de la temporada 1952/53, al imponerse en la final celebrada en el Olympiastadion de Berlín Occidental por 4-1 al VfB Stuttgart ante 80 000 espectadores. La principal novedad de esta temporada es que fue la primera en que se retransmitieron partidos por la televisión.

En enero de 1952 la DFB aprobó la reintroducción de la DFB-Pokal, que se inició en el mes de agosto, y cuya final se celebró el 1 de mayo de 1953 en el Rheinstadion de Düsseldorff y que jugaron el Rot Weiss Essen que se impuso por 2-1 al Alemannia Aachen.

El Rot Weiss Essen entrenado por Karl Hohmann (1908-1974), vivió una etapa importante en la segunda mitad de los cincuenta. En él destacaron jugadores como el portero Fritz Herkenrath (1928-2016) de gran sobriedad bajo palos, el delantero August Gottschalk (1921-2014) y el defensa Heinz Wewers (1922-2008); pero sin duda alguna su jugador más importante, tanto por su calidad como por lo que significó para el fútbol de la RFA, fue Helmut Rahn (1929-2003) extremo derecho de gran velocidad y calidad con el balón, era apodado *Der Boss* (El Jefe) por su control del equipo durante los partidos. Jugó en el equipo hasta 1959, para fichar por una temporada en el 1 FC Köln; tras una aventura en los Países Bajos, volvió a Alemania y se retiró en 1963. Su importancia en la historia del fútbol alemán radica en que marcó el gol de la victoria de la RFA en el Milagro de Berna de 1954.

La temporada 1953/54 la ganó sorprendentemente el Hannover 96 al imponerse por 5-1 al 1 FC Kaiserslautern (el gran favorito) en el Volksparkstadion de Hamburg ante 76 000 espectadores. En el equipo de la Baja Sajonia destacaban jugadores como el defensa Hannes Kirk (1924-2010), el centrocampista Rolf Paetz (1922-1994) y el extremo derecho Heinz Wewetzer (1027-2001), jugador de gran calidad por banda y capacidad goleadora.

La final de la DFB-Pokal celebrada el 17 de abril en el Ludwigshafen Südweststadion ante 75 000 espectadores, la ganó el VfB Stuttgart al imponerse por 1-0 al 1 FC Köln, club fundado el 13 de febrero de 1948 tras la fusión del Köllner Ballspiel-Club y el SpVgg Sülz. El equipo entrenado por Karl Winkler (1899-1960) tenía como figuras destacadas al defensa Hans Graf (1923-1977), al centrocampista Josef Röhring (1925-2014) y en especial al delantero goleador Hans Schäfer (1922- 2017) que formará parte de la selección en 1954.

El acontecimiento más importante para el presente y el futuro del fútbol de la RFA fue el Mundial de 1954. Su victoria en el mismo tuvo un significado que fue más allá del estrictamente futbolístico y sirvió para que el fútbol de la RFA recuperase la sensación de orgullo perdido tras la guerra.

La convocatoria de la selección no fue fácil para Sepp Herberger, ya que muchos jugadores al terminar sus temporadas en las Oberligas estaban de vacaciones o realizando giras internacionales

para recaudar dinero; este fue el caso del Rot Weiss Essen que se encontraba por Sudamérica. Herberger convocó a Rahn, que aprovechaba el tiempo entre partidos para trabajar en las minas de Perú, y que accedió a ir a la selección, pero no el del portero Herkenrath que prefirió seguir con el equipo.

Herberger se quejaba, además, de la falta de un campeonato competitivo en la RFA. En su opinión el sistema de las Oberligas provocaba que equipos potentes jugaran con equipos muy menores, lo que restaba capacidad competitiva a la selección, por lo que reclamó la creación de un campeonato alemán al estilo inglés o francés.

Alemania había accedido a la fase final del Mundial, que se celebró en Suiza, tras eliminar en la fase clasificatoria a Noruega, y como hemos visto al Sarre, y quedó encuadrada en el Grupo II junto a Hungría, Turquía y Corea del Sur. Las expectativas sobre la selección eran escasas. Como nota histórica cabe señalar que fue el primer Mundial que se retransmitió por televisión.

El equipo titular de la selección de la RFA en el Mundial fue el compuesto por Toni Turek (Fortuna Düsseldorff), Jupp Posipal (HSV Hamburg), Werner Kohlmeyer (1 FC Kaiserslautern), Horst Eckel (1 FC Kaiserslautern), Werner Liebrich (1 FC Kaiserslautern), Karl Mai (Fürth), Helmut Rahn (Rot Weiss Essen), Max Morlock (1 FC Nürnberg), Ottmar Walter (1 FC Kaiserslautern), Fritz Walter (1 FC Kaiserslautern) y Hans Schäfer (1 FC Köln).

En el primer partido del grupo la RFA se impuso a Turquía por 4-1; mientras que en el segundo sufría una severa derrota (8-3) frente a la gran favorita, la Hungría del *Aranycsapat* (el equipo de oro) dirigidos por Gustáv Sebes e integrado entre otros por Feren Puskas, Zoltán Czibor, Sandor Kocsis o Feren Szusza, dando muestras de la diferencia de nivel entre ambas selecciones. La peor noticia para los húngaros fue que Puskas cayó lesionado y no jugaría hasta la final. En el último partido del grupo la RFA se impuso a Corea del Sur por 7-2.

En los cuartos de final se enfrentó a Yugoeslavia, a la que venció por 2-0 con goles de Horvitch en propia puerta y de Helmut Rahn. Conseguir la clasificación para semifinales ya fue considerado un triunfo para la selección alemana.

En semifinales se enfrentó a Austria, claramente favorita, y ya se produjo la primera sorpresa al vencerla por 6-1, con goles de Shäfer, Morlock, dos de Fritz Walter y de Ottmar Walter.

La final se jugó en la ciudad de Berna el 4 de julio de 1954 ante una Hungría claramente favorita. Sin embargo, se produjeron dos hechos que igualaban más el partido. El primero fue que Puskas jugó el partido sin estar recuperado completamente de la lesión que sufrió ante la RFA en la fase de grupos, y el segundo es que, horas antes del partido, se produjo una gran tormenta que dejó el campo embarrado, lo que favorecía el juego más físico de los alemanes, y perjudicaba el más técnico de los húngaros.

A pesar de estos contratiempos, el partido empezó como se esperaba, con gran dominio húngaro que se adelantó a los seis minutos con gol de Puskas y a los nueve con gol de Kocsis, aprovechando un grave error del portero alemán Turek. Cuando parecía que iba a ser un paseo húngaro, en los minutos once y dieciocho Morlock y Rahn empataban la contienda, y se llegó al descanso con empate a dos.

En la segunda mitad Sepp Herberger modificó su esquema, potenciando más el aspecto físico y el ataque directo por las bandas; a pesar de ello, Hungría siguió dominando el partido, y Turek salvó en varias ocasiones el gol húngaro. Finalmente, en el minuto ochenta y cuatro, Rahn, tras quebrar dos veces a la defensa húngara, disparaba raso y batía al portero húngaro Gyula Grosics. Ya no hubo cambios en el marcador y la RFA se proclamaba de forma inesperada Campeona del Mundo. Nacía el mito del Milagro de Berna y de los Héroes de Berna.

El triunfo en el Mundial estuvo salpicado por dos polémicas, la primera interna y la segunda externa. En cuanto a la primera, Peco Bauwens, presidente de la DFB festejó en la Lowenbráukeller; cervecería de München donde Hitler había celebrado varios actos; la fiesta de celebración de la victoria mundialista, y en su discurso calificó la victoria como el triunfo de la germanidad frente al resto de pueblos, y de las envidias de los pueblos latinos y occidentales a la raza teutona. El discurso que recordó a los de Hitler, y mucho más por el lugar en el que fue pronunciado, fue borrado de todos

los periódicos y emisoras de radio, y hoy solo quedan referencias del mismo.

En cuanto a la segunda polémica, meses después del partido Puskas en una entrevista a la revista francesa France Football, dio a entender que los alemanes habían jugado dopados, ya que Helmut Rahn cayó enfermo de ictericia, al igual que los hermanos Walter y Max Morlock. La versión alemana fue que Rahn cogió la enfermedad en Sudamérica, ya que varios jugadores del Rot Weiss Essen que no fueron a la selección, también la tuvieron.

El triunfo significó un espaldarazo moral para todo el fútbol de la RFA, ya que lo situó al nivel de las grandes potencias futbolísticas de la época, por lo que a partir de ese momento podían mirar de tú a tú a las grandes selecciones y a los clubes europeos importantes. En el plano político significó poner a la RFA al nivel de las potencias europeas, y acabar de alguna manera con la humildad con la que tenían que tratar y negociar, debido al peso del legado nazi, con los países vecinos. El triunfo de Berna fue una nueva *Stunde Null* para la RFA; se podía afirmar que Alemania, en este caso la RFA, había vuelto a la primera fila de las potencias europeas. Para los ciudadanos de la RFA significó un resurgir moral tras la guerra; Alemania y los alemanes volvían a estar en lo alto.

# CAPÍTULO IV

## RDA: EL NACIMIENTO DE LA OBERLIGA (1949-1953)

La representación histórica que se ha realizado de la RDA está cargada de mitos, que se han convertido en verdades históricas con el paso del tiempo. Ello ha sido fruto de una política deliberada de la RFA surgida tras la reunificación, cuyo objetivo último era borrar cualquier huella de la Alemania comunista. De este modo la imagen que se ha impuesto en el discurso histórico, político y cotidiano es que fue una dictadura gris, apática, sin rumbo político y sin posibilidad de futuro donde la gente vivía en un estado permanente de infelicidad subyugada por la bota poderosa y asfixiante de la cruel y malvada Stasi.

Esta misma idea se ha trasladado al mundo del deporte, afirmando que los deportistas de la Alemania Oriental no eran más que "robots" al servicio del estado dictatorial, y sus triunfos en acontecimientos deportivos internacionales han sido puestos en tela de juicio bajo la sombra del dopaje.

El fútbol de la RDA no se ha librado de esta imagen, afirmando que era de baja calidad táctica y técnica, con escasos jugadores de talento, y cuando surgía alguno huía o intentaba huir del país, y cuyos equipos eran tan solo un juguete en manos de sus presidentes, todos miembros de la cúpula del SED, que los utilizaban para ganar prestigio personal, y cuyas victorias eran fruto más del poder en los despachos que por las capacidades en los terrenos de juego. El caso del Dynamo Berlín es el paradigma de ello.

En el presente trabajo no corresponde analizar las vertientes políticas sobre la visión de la historia de la RDA, pero sí que se debe analizar las mismas en materia deportiva. La primera consideración a tener en cuenta es que la RDA fue un estado comunista, por lo que cualquier análisis planteado con una óptica que no tenga presente este principio cae en un error de interpretación histórico o bien en una simple arenga política.

El deporte en la RDA formaba parte de la vida cotidiana de la gente; sus ciudadanos, quienes como alemanes tenían una fuerte tradición de practicar deportes, realizaban cualquier práctica deportiva con absoluta normalidad, incluso en los lugares de trabajo había una pausa obligatoria para que los trabajadores realizaran ejercicios gimnásticos que servían para relajar y distender el cuerpo. El deporte era considerado parte esencial para conseguir la buena salud de las personas, por lo que era patrocinado por el Estado.

El fútbol en la RDA siguió los estándares de amateurismo (hasta finales de los sesenta) que habían sido una de las características del fútbol alemán antes de la guerra. Los jugadores trabajaban en las empresas a las que pertenecían los equipos y cobraban igual que los trabajadores de ellas. En el comunismo no se busca la gloria individual sino la colectiva, por ello en los equipos de fútbol se trabajaba el concepto de equipo, de bloque por encima de las individualidades; eso no significa que se coartase o se expulsara al jugador talentoso, sino que éste debía poner su talento al servicio del equipo y no pensar en su gloria individual.

Estas premisas quedan bien explícitas en el lema que Manfred Ewald (1926-2002) presidente desde 1952 a 1960 del Staatliches Komitee für Körperkultur und Sport (Comité Estatal para la Educación Física y el Deporte), y desde 1961, presidente del Deutscher Turn und Sportbund (Asociación Alemana de Gimnasia y Deporte) y presidente del Comité Olímpico de la RDA, instaurando como objetivo a tener en cuenta por todos los deportistas germano orientales: “El deporte no es una diversión, es una educación social y patriótica”.

En la RDA el fútbol tuvo la misma repercusión social que en la RFA; era el deporte más seguido, cada fin de semana asistían cien-

tos de miles de aficionados a los estadios, había programas deportivos en radio y televisión, y periódicos que informaban de la actualidad de los equipos, y con el tiempo se fue instaurando una cultura fan de clubes y jugadores, si bien algo diferente a la de la RFA. En los estadios estaban prohibidos los tifos, y se prohibía la consumición de bebidas alcohólicas con el fin de evitar altercados entre aficiones, si bien, como veremos más adelante, en los años finales de la RDA ésta no escapó del fenómeno del hooliganismo que afectó a toda Europa.

Tras la fundación de la RDA, el campeonato de fútbol de la zona de ocupación soviética pasa a convertirse en la *Deutscher Sportausschuss Oberliga* (Liga Superior de la Asociación del Deporte Alemán). La primera liga de la RDA que da comienzo en octubre de 1949 cuenta con catorce equipos: ZSG Horch Zwickau, SG Dresden-Friedrichstadt, Waggonbau Dessau, KWU Erfurt, ZSG Union Halle, Franz Mehring Marga, Volksstime Babelsberg, ZSG Industrie Leipzig, Einheit Meerane, Eintracht H. W Stendal, BSG Gera Süd, ZSG Altenburg, Anker Wismar y Vorwärts Schwerin. Al final de la temporada los dos últimos descendían a la segunda división.

Las siglas y los nombres de los clubes irán cambiando a lo largo de estos primeros años hasta 1953, cuando queden ya prácticamente definidos. La razón eran las fases de desarrollo y construcción del socialismo en la RDA. Así, como vimos *SG* (Sportgemeinschaft) correspondía a antiguos clubes de fútbol anteriores a la guerra, que habían sido disueltos y solo se les permitía jugar como asociación deportiva. *ZSG* (Zentralsportgemeinschaft) correspondía a una sociedad deportiva surgida de la fusión de varias de ellas, y finalmente *BSG* (Betriebsportgemeinschft) correspondían a secciones deportivas de empresas estatales, cuya financiación era responsabilidad de los sindicatos de dicha empresa o a la misma. Tras las siglas incluían la mayoría de las veces denominaciones que identificaban a qué se dedicaba dicha empresa.[1]

Las BSG se crearon mientras se disputaba el primer campeonato de fútbol, concretamente dentro del marco del III Congreso del SED el 3 de abril de 1950 cuando se firmó el Decreto sobre la Reor-

---

1 Debido a que muchos nombres de equipos fueron cambiando hasta la reforma final de 1953, para facilitar al lector la lectura de esta parte, daremos los nombres de las empresas a las que pertenecían los equipos al tratar la reforma de 1953.

ganización del Deporte a Nivel de Producción con el objetivo de potenciar el socialismo dentro de las fábricas y en el deporte. Las líneas maestras sobre las BSG se resumen en el discurso de Walter Ulbricht, (1893-1973) Secretario General del SED: "Sobre las bases de las empresas se desarrolla el deporte popular. Es por ello que debemos apoyar la formación y creación de las BSG de forma eficiente y segura". A raíz de la creación de las mismas el 20 de junio de ese año se funda la *Dynamo Sport Verein*, asociación deportiva de los servicios de Seguridad Interna (Volkspolizei y la Stasi), cuyo presidente desde 1957 será Erik Mielke.

El primer campeonato vivirá el duelo por el título entre el ZSG Horch Zwickau (sucesor del SG Planitz) entrenado por Hans Ulbricht, quien seis días antes del campeonato fue cesado por malos resultados, siendo sustituido por Herbert Melzer (1913- 1972) cuya máxima estrella era el delantero centro Heinz Satrapa (1927-2001) que ya había jugado en el club antes de la guerra, y que consiguió ser el máximo goleador del campeonato con veintitrés goles.

El SG Dresden-Friedrichstadt (antiguo Dresden FC) será su principal rival. En el equipo sajón seguían jugando sus estrellas Helmut Schön y Richard Hofmann, a los que se añadía el delantero Walter "Quadel" Werner que consiguió marcar seis goles en la victoria por 11-0 al Anker Wismar.

Las circunstancias del calendario y de los malos resultados del Zwickau provocaron que en la última jornada se enfrentaran los dos equipos empatados a puntos en el estadio del Dresden. El partido tuvo lugar el 16 de abril ante 22 000 espectadores, entre los que se encontraba Walter Ulbricht. El resultado final fue de 5-1 en favor del Zwickau, que se proclamó campeón de la Oberliga. Los aficionados del Dresden descontentos con la actuación del árbitro invadieron el campo.

Helmut Schön, años más tarde, afirmó que los soviéticos habían presionado para que el Zwickau (equipo de empresa socialista) ganase al Dresden cuyos orígenes eran burgueses, siendo la prueba principal que el equipo fue obligado a disolverse, motivo por lo que él y Hans Kreishe huyeron de la RDA para ir a la RFA, y que Richard Hofmann fue obligado a dejar el fútbol.

La historia del fútbol de la RDA se construyó desde el primer momento en base a mitos de interferencias políticas y persecuciones. Mitos que permanecen inalterables a día de hoy. La realidad histórica es diferente; el SG Dresden-Friedrichstadt fue obligado a convertirse en BSG como todas las SG por el decreto anteriormente citado. En el caso del Dresden pasó a ser BSG Tabak Dresden (por la fábrica de tabaco de la ciudad) y no se persiguió a ningún jugador ni se les obligó a dejar el fútbol. La gran mayoría de jugadores siguieron en el equipo; Hofmann lo dejó por estar en contra del tabaco, pero inició una carrera de entrenador en la RDA, y fue miembro de la dirección deportiva del gran Dynamo Dresden de los sesenta, donde jugó su hijo, que como veremos, fue una de las principales estrellas.

Hans Kreishe volvió tiempo después a la RDA donde fue entrenador y su hijo, como veremos, uno de los principales delanteros del Dynamo Dresden. En cuanto a Schön, el gobierno le pidió que fuera seleccionador nacional de la RDA, cosa que declinó y luego dejó el país.

La final de la FDGB- Pokal se celebró el 28 de agosto en el Kurt-Wabbel-Stadion de Halle ante 10 000 espectadores, y el BSG Waggonbau Dessau venció por 1-0 al BSG Gera Süd.

A nivel administrativo el 3 de julio de 1950 se creó el Comité de Fútbol dentro del Consejo de Deportes de la RDA con Fritz Gödicke (1919-2009) como primer presidente. Gödicke fue más tarde el primer seleccionador, y posteriormente tuvo una carrera como entrenador de clubes, entre ellos, el Dynamo Berlín y el Union Berlín. En diciembre del mismo año se convierte en Sección de Fútbol.

Durante la primera Oberliga los equipos de Berlín Este seguían jugando la Stadtliga de Berlín. Con la introducción del Vertragspieler en la RFA, las autoridades de la RDA, contrarios a la profesionalización del deporte, deciden retirar a todos los equipos berlineses de esa competición, incluyendo en la Oberliga a tres de ellos (Union Oberschöneweide, VfB Pankow y SG Lichtenberg 47); ello provocará que la segunda edición de la misma se componga de dieciocho equipos.

Las BSG, con mejores estructuras deportivas, serán las principales dominadores de la Oberliga a partir de su creación. La tempo-

rada 1950/51 asistirá al duelo entre BSG Motor Zwickau, BSG Turbine Erfurt y BSG Chemie Leipzig. El Zwickau empezó siendo el dominador de la liga con el mismo equipo de la temporada anterior llegando a tener cinco puntos de ventaja sobre sus directos perseguidores, pero una mala racha de cuatro derrotas consecutivas, le hizo perder los primeros puestos, y que el desenlace de la Liga quedase entre el Turbine y el Chemie.

En el Turbine Erfurt destacaban los delanteros Wolfgang Nitsche (1925), y Heinz Wozniakowski (1924-1964) y Winfried Herz (1929), quienes al finalizar la temporada irían a jugar al Eintracht Braunsweig de la RFA.

En el Chemie Leipzig destacaba el defensa Walter Rose (1912-1989), abuelo de Marco Rose, entrenador del Borussia Moenchengladbach y Borussia Dortmund, el centrocampista Horst Scherbaum (1925-1996), el también centrocampista Heinz Fröhlich (1926-1999) y los delanteros Jochen Müller (1925) y Rudolf Krause (1927-2003), que llegó a marcar 18 goles en esa temporada.

Los dos equipos llegaron empatados a puntos al final de la temporada por lo que se jugó un *play-off* para decidir el campeón. El partido se celebró el 20 de mayo de 1951 en el Ernst Thalmann Stadion de Chemnitz ante 60 000 espectadores. El encuentro terminó con la victoria por 2-0 del Chemie que se proclamó campeón de la Oberliga.

El equipo berlinés VfB Pankow estableció esa temporada el récord negativo en la historia de la Oberliga, al conseguir solo siete puntos en 34 partidos, logrando tan solamente dos victorias, tres empates y 29 derrotas, perdiendo todos los partidos como visitante.

La final de la Pokal se jugó el 3 de septiembre de 1950 en el Walther Ulbricht Stadion de Berlín ante 15 000 espectadores. La victoria correspondió al BSG Stahl Thale que se impuso por 4-0 al BSG Turbine Erfurt.

En 1950 el Union Oberschöneweide como campeón la temporada anterior de la Stadtliga de Berlín, le correspondía jugar las fases finales del campeonato de la RFA. Las autoridades de la RDA le permitieron viajar a Kiel para enfrentarse al Hamburg SV en octavos de final, perdiendo por 0-7. En el viaje de vuelta en el Ber-

lín Occidental, las circunstancias políticas en las relaciones entre las dos Alemanias provocaron que las autoridades retirasen al equipo de la competición, por lo que casi toda la plantilla decidió no regresar al Este y fundaron el SC Union 06 Berlín en la zona occidental. Poco tiempo después varios de los jugadores regresaron al Berlín Este.

La temporada 1951/52 vivió el duelo entre el Turbine Halle y el Volkspolizei Dresden. En el Turbine destacaban el defensa central Otto Werkmeister (1918-2001) y los delanteros Wolfgang Horter (1924) y Herbert Rappsilber (1925-2003), mientras que en el equipo policial despuntaron los delanteros Günther Schöter (1927-2016) y Johannes Matzen (1925).

El campeonato muy igualado se decidió en las últimas jornadas, cuando el VP Dresden perdió varios partidos dejando al Turbine Halle como campeón de la Oberliga. Esa temporada por cuestiones de infraestructura del país no se celebró la Pokal.

El Comité de Fútbol de la RDA considero que diecinueve equipos eran demasiados para un desarrollo normal de la competición, por lo que redujo a diecisiete los equipos de la Oberliga para la siguiente temporada.

El 6 de febrero de 1951 la RDA entraba en la FIFA, pero la DFB protestó aduciendo que su entrada provocaba una politización del fútbol, por lo que se decidió que quedase como miembro provisional a la espera de resolución de su caso.

La siguiente temporada, la 1952/53 tuvo que resolverse también mediante un *play-off* final que enfrentó al Volkspolizei Dresden, que durante el transcurso de la competición adoptará el nombre definitivo de Dynamo Dresden, y el Wismut Aue. Un tercero en discordia hasta las jornadas finales fue el Motor Dessau.

En el Wismut destacaron los delanteros Willy Troger (1928-2004) y Heinz Kaden (1920), y en el Dessau los delanteros Werner "Holdie" Welzel (1923-2001) y Wolfgang Klank (1930-1998).

El Motor Dessau estableció un récord de imbatibilidad que duró muchas temporadas, al no perder ninguno de los trece primeros partidos (ganando doce y empatando uno). Su problema fue que a mediados de la temporada empezó a perder puntos, por lo que fue alcanzado por sus perseguidores.

La última jornada llegó con cuatro equipos separados tan solo por dos puntos (a los tres indicados se unía el Motor Zwickau). Zwickau y Dessau perdieron sus partidos y el Dresden y el Wismut ganaron los suyos, quedando empatados en 38 puntos.

El partido para dilucidar el campeonato se jugó el 17 de junio de 1953 en el Walther Ulbritch Stadion de Berlín ante 40 000 espectadores entre los que se encontraban Walther Ulbritch, Erich Honecker (Secretario General de la Freie Deutsche Jugend) y Manfred Ewald. Los noventa minutos terminaron con empate a dos, y en la prórroga un gol del delantero del Dynamo Karl-Heinz Holze (1930-2000) dio el campeonato al equipo policial.

La final de la Pokal se jugó el 14 de septiembre de 1952 en el Stadion an der Normannenstrasse de Berlín entre el VP Dresden (Dynamo Dresden) que venció por 3-0 al BSG Einheit Pankow.

En octubre de 1952 el Ministerio de Finanzas estableció el precio de las entradas para los estadios de fútbol, precios que permanecieron inalterados durante décadas. Se crearon seis grupos que dictaminaban el precio de la entrada. El Grupo 1 (Asientos en tribuna) costaba dos marcos, el Grupo 2 (asiento) 1,50 marcos, el Grupo 3 (de pie) 1 marco, el Grupo 4 (Jóvenes, Estudiantes y Pensionistas) 40 pfenigs, igual que el Grupo 5 (Mutilados de Guerra), y finalmente el Grupo 6 (Niños hasta 14 años) 20 pfenigs.

El 24 de julio de 1952 la RDA es aceptada finalmente como miembro de pleno derecho de la FIFA, y juega su primer partido oficial contra Polonia en Varsovia el 21 de septiembre de ese mismo año. La selección dirigida por Willi Oelgardt (1912-1973) tuvo este primer once de su historia: Wolfgang Klank, Karl-Heinz Wohlfahrt, Werner Erlitz, Horst Scherbaum, Herbert Schoen, Georg Rusbigalle, Günther Schröter, Heinz Fhrölich, Günther Thorhaser, Günther Imhof, Johannes Matzen y Sigfried Maier. Polonia se impuso por 3-0 a la RDA. El segundo partido oficial no fue mucho mejor, celebrado en Bucarest el 26 de octubre, la RDA perdía por 1-3 frente a Rumania.

En 1953 el Comité Estatal para la el Deporte establecía: "El desarrollo del fútbol está íntimamente asociado al desarrollo social de la RDA, por lo que el Gobierno y el SED apoyarán el crecimiento y práctica del mismo". La RDA que se iba construyendo como un

estado nuevo, certificaba que el fútbol era parte integrante en la construcción del mismo, por lo que quedaba claro que las BSG se convertían en las encargadas de fomentar el fútbol desde un punto de vista socialista; al tiempo que se permitía a la NVP (Asociación de la Policia) y a la NVA (Asociación de la Policia de Cuartel, precursora del Ejército que no se fundó hasta 1956) crear sus BSG correspondientes.

Con ello quedaban establecidos los nombres de los equipos, que no cambiarían hasta mediados de la década de los sesenta, cuando se creen clubes de fútbol propiamente dichos. Se les identificaba por llevar el nombre del conglomerado industrial al que pertenecían Aktivist (Minería), Anker (Astilleros), Aufbau (Construcción), Chemie (Química, Gas, Cerámica), DV (Volkspolizei), Dynamo (Seguridad Interior), Einheit (Administración, Banca y Seguros), Empor (Comercio), Fortschriftt (Téxtil), Lokomotiv (Ferrocarril), Mechanik (Metalurgia), Medizin (Salud), Motor (Automóvil), Post (Correos), Rotation (Imprenta y Papel), Stahl (Industria Acero), Traktor (Industria Agrícola), Turbine (Energía), Vorwärts (Policía de Cuartel, posteriormente Ejército), Wismut (Minería del Uranio), y Wissenschaft (Universidades y Centros de Formación Profesional).

# CAPÍTULO V

## RFA: EL NACIMIENTO DE LA BUNDESLIGA (1955-1963)

El Milagro de Berna si bien significó un punto de inflexión en el desarrollo del fútbol alemán en la RFA, no mitigó ni ocultó los problemas que el mismo tenía, y que serían claves en el debate sobre la creación de una liga nacional alemana semejante a la del resto de países europeos, y que desembocará en la creación de la Bundesliga.

Los años anteriores a la creación de la Bundesliga se asistirá a un profundo, y en ocasiones férreo, debate entre dos bandos enfrentados sobre la necesidad o no de crear una liga nacional alemana. Entre los defensores de la misma se encuentra, como vimos, el seleccionador nacional Sepp Herberger, que consideraba que las Oberligas eran muy desiguales entre ellas, al tiempo que cada una de ellas sufría el hecho de que hubieran dos o tres equipos fuertes y el resto muy débiles, lo que provocaba una falta de competitividad que a la larga afectaría al rendimiento de la selección. De opinión parecida, a lo que se juntaba un interés económico, eran algunos presidentes de clubes, entre los que destacaba Franz Kremer del 1 FC Köln.

La reticencia a la creación de una liga nacional estaba encabezada por varios dirigentes de la DFB, entre ellos su presidente Peco Beuwens, y los dirigentes de las Oberligas que temían perder su poder con la creación de una Bundesliga. Entre sus argumentos estaba que si la selección había ganado un Mundial, y como vere-

mos no obtuvo malos resultados en el de 1958, con este sistema de competición, no había razón alguna para cambiarlo.

El segundo problema que afectaba al fútbol de la RFA era el de la profesionalización de los jugadores. El Vertragspieler, aunque eliminaba el amateurismo, no significaba que el jugador fuera totalmente profesional, a lo que se sumaba que la cantidad máxima a cobrar establecida en 320DM más 70 DM en bonos, quedaba por debajo de lo que podía ganar un estudiante universitario becado (400 DM). La norma pensada para evitar un desfase entre equipos con mayor potencial económico que otros, empezaba a quedarse obsoleta, máxime cuando tras el Mundial varios jugadores recibieron suculentas ofertas de equipos extranjeros para jugar en ellos. Si la mayoría no las aceptaron fue por temas sentimentales de amor a sus clubes, si bien es cierto que muchos clubes fueron creando modos para pagar más a sus jugadores con el fin de evitar su marcha al extranjero.

Con el ruido de fondo del debate sobre la necesidad de crear una Bundesliga se fue desarrollando la competición, donde se asistió, en consonancia con el llamado milagro económico alemán, a un traslado del dominio en el campeonato de los equipos de la Oberliga Süd a los de la Oberliga West y en especial a los de la cuenca del Ruhr, que serán, salvo alguna excepción, quienes ganarán el Meisterschale.

En la estela del triunfo mundialista el campeón en la temporada 1954/55 fue el Rot-Weiss Essen, equipo en el que jugaba el héroe de Berna Helmut Rahn. El club fundado en 1907 estaba entrenado por el mítico Fritz Szepan, leyenda del Schalke 04, y se impuso en la final al 1FC Kaiserslautern por 4-3 en el Niedersachsenstadion de Hannover ante 80 000 espectadores.

La final de la Pokal enfrentó en el Eintracht Stadion de Braunschweig al Karlsruher SC que se impuso por 3-2 al Schalke 04. Los dos equipos tenían entrenadores austríacos que habían jugado en el Rapid Wien. El Karlsruher estaba dirigido por Adolf Patek (1900-1982) que había desarrollado su carrera como futbolista en el Rapid Wien y en el Sparta Praga donde ganó la Copa Mitropa en 1927. De 1947 a 1949 entrenó al FC Berna suizo y de 1949 a 1953 a la selección de Luxemburgo para fichar por el Karlsruher. Más tarde

entrenó al Eintracht Frankfurt y al Bayern München antes de volver a Austria.

En los de Baden destacaban el centrocampista Kurt Sommerlatt (1928-2019) y el delantero Oswald Traub (1926-2020) de gran capacidad rematadora.

El Schalke 04, por su parte, tenía como entrenador al austriaco Eduard Frühwirth (1908-1973), exjugador del Rapid Wien, y que entrenó al club de los mineros desde 1954 a 1959, para posteriormente dirigir al Karlsruher hasta 1962, para volver a Austria donde entrenó al Austria Wien entre otros equipos. Las figuras más destacadas del club de la cuenca del Ruhr eran el defensa Otto Laszig (1934-2014) que jugó casi toda su carrera en el Schalke 04, salvo una temporada en el SW Essen y otra en el Hannover 96; y el delantero Bernhard "Berni" Klodt (1926-1996) jugador de club, buen rematador. Participó en el Mundial de 1954 pero solo jugó el partido frente a Turquía.

Las dos siguientes temporadas vieron el triunfo del Borussia Dortmund que practicaba un juego de dominio del balón, rápido y veloz que desconcertaba al rival y con gran capacidad goleadora. El equipo estaba entrenado por Helmut Schneider (1913-1984) quien había jugado como defensa en el Bayern y Fürth entre otros. Se caracterizaba por métodos de entrenamiento profesionales, mentalizando a sus jugadores para que actuasen como si fueran profesionales en el sentido estricto de la palabra.

El once de este Dortmund era el formado por Heinrich Kwiatkowski, Wilhelm Burgsmüller, Herbert Sandmann, Elwin Schlebrowski, Max Michallek, Helmut Bracht, Wolfgang Peters, Alfred Preissler, Alfred Kelbassa, Alfred Niepieklo y Helmut Kapitulski.

Entre ellos destacaban los tres delanteros conocidos como *Die drei Alfred* (Los tres Alfredos): Alfred Preissler (1921-2003) que actuaba como delantero centro, Alfred Kelbassa (1925-1988) jugador robusto pero muy rápido y de gran capacidad goleadora, y Alfred Niepieklo (1927-2014) quien entre 1951 a 1960 obtuvo 104 goles en 173 partidos. A ellos se unía el centrocampista Max "Spinne" Michallek (1922-1985) apodado "La Araña" por sus piernas largas. Era un centrocampista de gran calidad, que igual creaba como destruía el juego. Se caracterizaba por sus desplazamientos

de balón al espacio con lo que demolía las líneas defensivas del rival.

En la temporada 1955/56 el Dortmund venció en la final al Karlsruher SC por 4-2. El equipo de Baden será el campeón de la Pokal celebrada en el Wildparkstadion de su localidad al vencer por 3-1 al Hamburg SV donde empezaba a destacar una de las figuras míticas del fútbol alemán, el delantero centro Uwe Seeler (1936), hijo de Erwin Seeler y hermano de Dieter. Uwe Seeler ha sido considerado uno de los mejores delanteros centros de su tiempo, consiguiendo marcar 446 goles en 520 partidos entre los años 1954 y 1978. En 1972 la DFB le concedió el título de capitán honorífico de la selección alemana, galardón en manos de muy pocos jugadores. Entre 1995 y 1998 fue presidente del Hamburg SV.

El Rot-Weiss Essen fue el primer club alemán en participar en la Copa de Europa. En las primeras ediciones se empezaba en octavos de final, donde el equipo alemán fue eliminado por el Hibernians escocés al perder el partido de ida por 0-4 y empatando el de vuelta por 1-1.

En la siguiente temporada (1956/57), el Dortmund se impondrá en la final al Hamburg SV por 4-1; mientras que su papel en la Copa de Europa no mejoró al Rot-Weiss, ya que también fue eliminado en octavos al caer ante el Manchester United por 2-3 en la ida y 0-0 en la vuelta.

La final de la Pokal disputada en el Rosenaustadion de Ausburg la ganó el Bayern München por 1-0 al Fortuna Düsseldorff. En el equipo bávaro, dirigido por el austriaco Williband Hahn (1910-1999), destacaba el extremo izquierdo Rudolf "Rudi" Jobst (1935-2020) jugador rápido y de excelente calidad, quien a pesar de su posición en el campo era quien dirigía al equipo, al tiempo que marcaba con relativa facilidad.

La temporada 1957/58 significó la vuelta al primer lugar de la competición de un viejo campeón de la misma, el Schalke 04, que se impuso por 3-0 a un Hamburg SV que repetía final. La final de la Pokal repetiría finalista en el Fortuna Düsseldorff que volvería a perder, esta vez frente al VfB Stuttgart por 3-4.

En la Copa de Europa el Borussia Dortmund llegó a cuartos donde se encontró al AC Milan empatando en la ida 1-1 y perdiendo en la vuelta por 1-4.

En 1958 se celebró el Mundial de Suecia al que la RFA acudía como campeona. Sepp Herberger, aunque mantuvo en buena medida la convocatoria del Mundial anterior, tuvo que realizar cambios obligados por la edad de algunos jugadores y por la irrupción de jóvenes talentos que ya empezaban a despuntar, como fue el caso de Uwe Seeler, del defensa Karl-Heinz Schnellinger (1939) jugador del SV Duren, que fue considerado uno de los mejores defensas del mundo en la década de los sesenta, apodado Volkswagen por sus prestaciones defensivas tanto en cantidad como calidad de las mismas, y que tuvo una brillante carrera en el 1 FC Köln como posteriormente en el AC Milan. Horst Szymaniak (1934-2009) centrocampista defensivo del Wuppertaler SV, que jugaría posteriormente en el Karlsruher, Catania, Inter Milan y Tasmania Berlín, y del delantero Hans Cieslarczyk (1937-2020) que jugó toda su carrera en el SV Sodingen.

La RFA formó el Grupo I junto a Argentina, Checoeslovaquia e Irlanda del Norte. En el primer partido frente a Argentina, la RFA se impuso por 3-1 con dos goles de Rahn y uno de Seeler. Frente a Checoeslovaquia se empató a dos (dos goles de Rahn), mismo resultado que frente a Irlanda del Norte (Rahn y Seler)

En cuartos de final la RFA se impuso por 1-0 a Yugoeslavia con gol de Rahn. En semifinales se enfrentó a la anfitriona Suecia perdiendo por 1-3, con polémica arbitral, ya que el árbitro húngaro (quizás recordaba la final de Berna), Júngzo Zsolt, permitió el juego duro sueco. En la final de consolación perdió contra Francia por 3-6.

La actuación mundialista reforzó la petición de Herberger de crear una liga nacional alemana; sin embargo los detractores de la idea argumentaron que la actuación de la selección no había sido tan mala, y que los buenos resultados del Dortmund en la Copa de Europa (fue eliminado por el AC Milan que fue finalista), mostraban que el fútbol alemán tenía suficiente capacidad competitiva sin necesidad de realizar cambios profundos.

La siguiente temporada vivió el derbi de Hesse en la final entre el Eintracht Frankfurt que se impuso en la final al Kickers Offenbach por 5-3. En el equipo de las águilas dirigido por Paul Osswald, que dos años antes era entrenador del Kickers, destacaban el húngaro István Sztani (1937) que llegó al club en 1957. Delantero centro hábil y goleador, marcó 20 goles en treinta y seis partidos. Tras la final fichó por el Standard de Lieja, club en el que estuvo hasta 1965 que volvió al Eintracht. Otro jugador destacado era el defensa Hermann Höfer (1934-1996) que militó siempre en el Eintracht desde 1953 a 1966; Richard Kress (1925-1996) extremo derecho que marcó 68 goles en 274 partidos con el Eintracht, y que a día de hoy es el jugador más veterano (38 años) en debutar en Bundesliga. Pero, por encima de todos ellos se sitúa la gran leyenda del club, el centrocampista Alfred Pfaff (1926-2008) jugador de gran calidad técnica y física, considerado uno de los mejores futbolistas alemanes de la historia. Jugó toda su carrera deportiva en el Eintracht (1949-1961).

La final de la Pokal la disputaron en el Auestadion de Kessel el Schwarz-Weiss Essen (club fundado el 11 de abril de 1881) que se impuso por 5-2 al Borussia Neunkirchen (fundado en 1907 de la fusión entre el FC 1905 Borussia y el SC Neunkirchen). En la Copa de Europa el Schalke 04 tuvo que pasar una ronda previa en la que se enfrentó al Copenhaguen, perdiendo el partido de ida por 0-3 y ganando el de vuelta por 5-2; en el partido de desempate se impuso por 3-1. En octavos de final eliminó al equipo inglés del Wolverhampton al empatar en la ida a dos y ganar la vuelta por 2-1. En cuartos de final se enfrentó al Atlético de Madrid, perdió la ida por 0-3 y empató a uno en la vuelta.

La temporada 1959/60 vio finalmente la victoria de un Hamburg SV que había estado varias veces en la final, imponiéndose por 3-2 al 1 FC Köln.

En el conjunto hanseático aparece ya una figura que será muy importante en el desarrollo de los equipos alemanes, es la de director deportivo, que en este caso compaginará con la de entrenador. Gunther Mahlmann (1908-1975) era hermano del presidente del club Carl-Heinz Mahlmann, y en momentos compartió responsabilidades técnicas con Martin Wilke (1926), aunque ese año no estaba en el club. Mahlmann fue clave en la formación de los jóvenes y sentó las bases del poderoso equipo de los años sesenta.

Junto al ya reseñado Uwe Seeler, destacaban su hermano mayor Dieter Seeler (1931-1979) delantero centro que podía jugar como extremo, con gran habilidad y olfato de gol, se retiró en 1965; y los defensas Jürgen Werner (1935-1979) un defensa fuerte y duro, contrario a la profesionalización, dejó el fútbol con la creación de la Bundesliga en 1963, y Jochenfritz "Jochen" Meinke (1930).

La final de la Pokal jugada en el Rheinstadion de Düsseldorff la ganó el Borussia Mönchengladbach por 3-2 sobre el Karlsruher SC. El Gladbach entrenado por Bernd Oles (1921-1988) en su única temporada en el club, conseguía su primer título de la historia; destacando el centrocampista Albert Brülls (1937-2004) jugador de buen toque de balón, que hizo carrera en Italia (Modena y Brescia) y Suiza (Young Boys, Berna) y luego como entrenador en el Young Boys. Hoy tiene una calle en las cercanías del Borussia Park; junto al defensa Heinz de Lange (1937-2016).

La Copa de Europa de 1960 es recordada por la final entre el Real Madrid y el Eintracht Frankfurt que ganó el conjunto blanco por 7-3.

La UEFA había creado la Eurocopa de Naciones que se disputó por primera vez en 1960, la RFA no acudió a ella, ya que al igual que otros países (entre ellos Italia e Inglaterra), consideraba que era un torneo que distorsionaba las competiciones nacionales al realizarse entre dos mundiales.

Como si supieran que el tiempo de las Oberligas iba a terminar y empezar una nueva época en el fútbol de la RFA, los viejos campeones de antaño iban apareciendo para ganar sus últimos títulos nacionales, si poco antes había sido el Schalke 04; en la temporada 1960/61 el campeón sería el 1 FC Nürnberg quien se iba a proclamar campeón al imponerse por 3-0 al Borussia Dortmund en la final.

El equipo de Franconia mantenía viejos veteranos como Morlock, a los que se añadían nuevos valores emergentes como el centrocampista Stefan Reisch (1941) y el extremo izquierdo Josef Zenger (1935), en un equipo trabajado por el austriaco Franz "Bimbo"

Binder (1911-1989), que había dejado el club el año anterior sustituido por su compatriota Herbert Widmayer (1913-1998).

El campeón de la Pokal fue el Werder Bremen que se impuso por 2-0 al 1 FC Kaiserslautern en el estadio *Kampfbahn* de Gelsenkirchen. En el equipo hanseático destacaban el centrocampista Arnold Schütz (1935-2015) que jugó toda su carrera en el club, y el defensa Josef "Sepp" Piontek (1940), que más tarde sería entrenador del club (1972-75) y seleccionador de Haití, Dinamarca y Turquía.

En la Copa de Europa el Hamburgo alcanzó las semifinales contra el Barcelona 1-0 y 2-1, cayendo eliminado en la tanda de penaltis.

En la recién creada Recopa (campeones de Copa), el Borussia Mönchengladbach cayó estrepitosamente frente al Rangers escocés al perder en la ida por 0-3 y en la vuelta por 0-8.

En la Copa de Ferias el 1 FC Köln se enfrentó al Inter de Milán, ganando el partido de ida por 4-2 y perdiendo el de vuelta por 0-2, cayendo eliminado en la tanda de penaltis.[2]

En la temporada siguiente el Nürnberg volvía a repetir final, pero caía derrotado por 0-4 frente al 1 FC Köln que disponía de una de las mejores delanteras del momento, mantenía al héroe de Berna Hans Schäffer y había fichado a otro de ellos, Helmut Rahn, a los que había que unir al extremo derecho Karl- Heinz Thielen (1940) y los primos Christian Breuer (1939-2017) y Christian Müller (1938) que jugaban también de extremos, junto a los centrocampistas de gran calidad Josef "Jupp" Röhrig (1925-2014) y Hans "Hansi" Sturm (1935-2007).

El 1 FC Nürnberg se resarció de la derrota en el campeonato de liga al ganar la Pokal por 2-1 al Fortuna Düsseldorff en el Niedersachsenstadion de Hannover.

La trayectoria del 1 FC Nürnberg en la Copa de Europa terminó en cuartos, donde se enfrentó al Benfica ganando 3-1 la ida y perdiendo por 0-6 en la vuelta.

---

2 Hemos decido empezar la Copa de Ferias por este año, ya que es el primero en que aparecen equipo alemanes propiamente dichos, anteriormente habían acudido combinados de equipos de la ciudad ferial en cuestión.

En la Recopa el Werder Bremen cayó en cuartos frente al Atlético de Madrid, empatando a uno la ida y perdiendo por 1-3 la vuelta.

En 1962 se celebró el Mundial de Chile en el que la RFA tuvo un papel más que discreto. Encuadrada en el Grupo I junto a Italia, Chile y Suiza, empató a cero frente a Italia, perdió 1-2 frente a Suiza y ganó 2-0 a Chile, con goles de Szymaniak y Seeler, y cayó eliminada en cuartos ante Yugoeslavia por 0-1.

La mala actuación en el Mundial fue uno de los argumentos más determinantes para decantar la discusión en favor de quienes deseaban la creación de una Bundesliga, y que terminará imponiéndose ese mismo año.

El campeón de la última temporada de las Oberligas fue el Borussia Dortmund que se impuso en la final por 3-1 al 1 FC Köln. El equipo de la cuenca del Ruhr sería finalista de la Pokal pero no conseguiría el doblete al caer derrotado por el Hamburg SV por 0-3 en el Niedersachsenstadion de Hannover.

El papel del 1 FC Köln en la Copa de Europa fue decepcionante, ya que cayó eliminado en la ronda previa por el Dundee de forma escandalosa, perdió el partido de ida por 1-8 y el de vuelta por 0-4.

En la Recopa el 1 FC Nürnberg realizó mejor papel, alcanzando las semifinales frente al Atlético de Madrid, ganando el partido de ida 2-1 y perdiendo 0-2 en Madrid.

Los dos equipos de la RFA en la Copa de Ferias tuvieron un papel desigual. El Tasmania 1900 Berlín cayó eliminado en la ronda previa por un once de la ciudad de Utrecht por un total de 5-3 entre los dos partidos. Por su parte el Bayern München cayó en cuartos ante el Dinamo Zagreb, perdiendo en casa 0-4 y empatando a cero en Zagreb.

En los años posteriores al Milagro de Berna se mantuvo vivo el debate sobre la necesidad de crear una liga nacional en la RFA. La DFB creó en 1957 una Comisión para la Reorganización del Fútbol Alemán, que fue ampliando sus debates a la necesidad de profesionalización de los jugadores y al trabajo con los jóvenes. El debate se hizo más necesario tras el mal papel de la selección en el Mundial de 1962, que fue la causa principal que llevó al triunfo de los defensores de la creación de la Bundesliga.

El 28 de julio de 1962 en la Asamblea de la DFB celebrada en Dortmund, se votó por la creación de una Bundesliga para la temporada 1963/64 con 103 votos a favor y 26 en contra. La mayor reticencia a la creación de la misma venía de las federaciones del sur de Alemania temerosas que la riqueza de los equipos del norte acapararían los títulos y podrían fichar a los mejores jugadores.

En esa misma Asamblea Peco Beuwens dejaba la presidencia de la DFB y era sustituido por Hermann Gösmann, quien se mantendrá en el cargo hasta 1975. Hombre procedente de Osnabruck se caracterizó por ser una persona de consenso y con mucha proyección internacional en UEFA y FIFA.

La creación de la Bundesliga tenía que llevar aparejado la resolución sobre el tema de la profesionalización de los jugadores. El Vertragspieler había quedado obsoleto, y la cantidad que cobraban los jugadores era irrisoria (la mayoría fichaban por clubes italianos). Aquí el consenso era mucho más difícil, ya que eran muchos los que defendían el estadio amateur de los jugadores. Finalmente se llegó a un compromiso entre las dos posturas creándose la figura del *Lizenspieler* (jugador con licencia), cuya única diferencia con el Vertragspieler era que el jugador no necesitaba acreditar otro trabajo para poder jugar al fútbol, y además se le permitía ganar más dinero; ahora el máximo a ganar eran 500 DM y 700 DM en bonos, por lo que podían ganar unos 1.200 DM al mes. Al mismo tiempo se establecía un máximo por traspaso de jugadores entre clubes, fijado en 50 000 DM con un 20% que iba al jugador traspasado.

El principal problema, y el que más debate suscito, fue qué equipos iban a conformar la Bundesliga. En un principio se estableció un criterio técnico para poder acceder a ella, que los equipos dispusieran de un estadio con un mínimo de 35 000 plazas para espectadores, y como mínimo tuvieran un capital social de 700 000 DM.

La Asamblea de la DFB del 8 de diciembre de 1962 estableció que la nueva Bundesliga debería tener como mínimo cinco clubes del sur y del oeste, tres del norte, dos del sudoeste y un club de Berlín. En total serían 16 equipos, si bien se podría ampliar a 18 e incluso a 20.

La comisión de la DFB que debía elegir a los equipos anunció el 11 de enero de 1963, que la Bundesliga debía contar al menos con los siguientes equipos: Hamburg SV, Werder Bremen, 1 FC Köln, Borussia Dortmund, Schalke 04, 1 FC Nürnberg, Eintracht Frankfurt, Hertha BSC y 1 FC Saarbrücken.

El primer problema fue la elección del equipo de Berlín. El Hertha hacía mucho tiempo que no había ganado la liga de la ciudad, y otras federaciones consideraban que los equipos berlineses ni tenían la calidad, ni la fuerza económica para estar en la Bundesliga. Sin embargo la decisión de mantener un equipo berlinés fue más política que deportiva; hacía dos años que se había construido el Muro de Berlín y se estaba en plena Guerra Fría, por lo que se consideraba esencial que la nueva competición contase con un equipo berlinés, de este modo el Hertha permaneció entre los equipos elegidos para iniciar la Bundesliga.

En mayo de 1963 la Comisión anunció el resto de equipos que formarían la Bundesliga: SV Meiderich (posteriormente sería el MSV Duisburg), Preussen Münster, Eintracht Braunschweig, TSV 1860 München, VfB Stuttgart, Karlsruher SC y 1 FC Kaiserslautern.

Esta decisión provocó protestas de varios equipos que habían quedado fuera, la más importante fue la del Bayern München, argumentando que tenía más méritos deportivos que su rival ciudadano, ya que había ganado la Pokal y había llegado a las rondas finales del campeonato nacional, además de ganar varias Oberligas Süd. Su protesta cayó en saco roto y el Bayern no jugó en Bundesliga.

Las Oberligas fueron disueltas, se discutió la posibilidad de crear una 2 Bundesliga, pero no se acordó nada, y en su lugar se crearon las Regionalligas Nord, West, Südwest, Súd y Berlín.

Un tiempo acababa en el fútbol alemán, en concreto en la RFA, y empezaba uno nuevo no exento de problemas que no se solucionaron en los debates sobre la creación de la Bundesliga y que tendrían efectos a un largo plazo sobre el desarrollo del fútbol en la RFA.

# CAPÍTULO VI

## RDA: KARL-MARX STADT, VORWÄRTS BERLIN (1954-1965)

Los años que componen el presente capítulo son los de la formación y desarrollo del fútbol en la RDA. El desarrollo del mismo transcurre en paralelo con la consolidación de la RDA como país, teniendo en cuenta que se creaba desde una situación de ruina económica tras la guerra, con un modelo político, social y económico diferente al anterior a la guerra y al de la RFA, y que al desechar las estructuras anteriores empezaba de cero, lo que provocaba en ocasiones nuevas medidas en corto tiempo.

Todos estos condicionantes afectaron al desarrollo del fútbol que poco a poco irá construyendo una estructura organizativa a nivel federativo y en las estructuras de las sociedades deportivas. Los primeros años vivirán cambios de nombres de algunas de ellas y desplazamientos de unas ciudades a otras, en consonancia con objetivos económicos y sociales de las empresas de las que formaban parte. Incluso se vivirá un cambio de calendario para adaptarlo al soviético. Son años, pues, de formación y que pueden crear confusión al analizar la Oberliga del periodo, pero son años claves en el fútbol del país, y como ocurre en la visión histórica de la RDA están envueltos en mitos creados a posteriori, muchos de ellos sin base histórica definida.

El final de la década de los cincuenta verá ya la consolidación de una Oberliga que tendrá pocos cambios en cuanto a su estructura y calendario. Lo mismo ocurrirá con las sociedades deportivas

hasta mediados de los sesenta, cuando se separen de las empresas matrices y conformen clubes de fútbol autónomos. Estos años estarán dominados, principalmente, por dos equipos: el SC Wismut Karl-Marx Stadt y el ASK Vorwärts Berlin; entre ellos se repartirán el campeonato de la RDA, y son los años en que los equipos germano-orientales empiezan a aparecer en los torneos europeos.

La temporada 1953/54 vivirá las crisis de los equipos que dominaron los años anteriores, tanto el Zwickau como el Halle quedarán lejos de los primeros lugares de la clasificación, y ya desde las primeras jornadas quedará claro que no podrán disputar el título. El SG Dynamo Dresden campeón de la temporada anterior será el primer equipo en tener un entrenador extranjero en la RDA, será el húngaro Janos Gyarmati, que más tarde será seleccionador de la RDA, pero que no podrá repetir el éxito de la temporada anterior.

El título se lo disputarán entre el Chemie Leipzig que mantendrá el equipo de las temporadas anteriores, y un sorprendente Turbine Erfurt, que tras un muy mal comienzo de temporada, logrará una remontada espectacular terminando proclamándose campeón.

El Turbine Erfurt cambió varias veces de nombre. Se denominaba Erfurt-West hasta 1948, y SG Fortuna Erfurt hasta 1949, BSG KWV Erfurt hasta 1950 cuando adopta el de Turbine. El equipo que se proclamó campeón en 1954 estaba entrenado por Hans Carl (1899- 1957), quien tuvo una carrera como delantero centro, e incluso portero, en el VfB Erfurt. En 1951 se convirtió en el entrenador del Turbine, siendo el primer entrenador de la RDA que introdujo la semana de cinco días de entrenamiento. Estuvo en el club hasta el final de la temporada 1954/55 tras la que dimitió, y posteriormente se trasladó a la RFA donde entrenó al KSV Hessen Kassel hasta su muerte.

En el equipo destacaban el centrocampista Georg Rosbigalle (1926-2012) que antes de la guerra había jugado en el Breslau FV. Futbolista de gran clase, jugó un total de 185 partidos en la Oberliga y marcó 28 goles. Tras retirarse de jugador, fue profesor de deportes y entrenador del Erfurt y del 1 FC Lokomotive Leipzig. El extremo izquierdo Jochen Müller (1925) quien había jugado en el SC Erfurt antes de la guerra; destacaba por su rapidez y habilidad con el balón, jugó entre 1949 y 1958 277 partidos y anotó 28 goles.

El delantero centro Siegfried Vollrath (1928-2018) futbolista de gran capacidad goleadora. Y por encima de todos ellos, un jugador que se convirtió en uno de los primeros ídolos futbolísticos en la RDA, el defensa Helmut Nordhaus (1922-2014), que antes de la guerra jugó en el VfB Erfurt. Durante la Segunda Guerra Mundial fue hecho prisionero en Italia en 1943 y pasó el resto del conflicto en un campo de prisioneros de Egipto. Tras la guerra jugó un tiempo en el Hamburg SV y volvió al Erfurt. Era un jugador de excelente clase y toque de balón; por su estilo de juego le apodaban *Die Elegante* por su salida de balón y capacidad de organizar al equipo desde atrás. Tras su retirada fue entrenador del Erfurt y de otros equipos menores de la Oberliga.

La final de la Pokal disputada en Dresden la ganó el ASK Vorwärts Berlin, que entonces jugaba en la Primera Liga (segunda división) por 2-1 al BSG Motor Zwickau.

La historia del Vorwärts Berlin también entra en la categoría de mitos que se han establecido sobre la historia del fútbol en la RDA. El equipo original fue fundado en 1951 en Leipzig como SV Vorwärts KVP Leipzig como sociedad deportiva que formaba parte de la Policía de Cuartel, que como vimos, era la precursora del Ejército. En 1953 se decidió su traslado a Berlín para unirse al KVP Berlín (otro equipo de la Policía de Cuartel) para formar el ZSK Vorwärts Berlín que en marzo de 1954 se denominó ASK Vorwärts Berlin. El motivo del traslado correspondía a la necesidad de formar un equipo potente en la capital. Al ocupar la plaza del equipo berlinés que jugaba en primera liga (segunda división), fue en esta categoría donde jugó hasta ascender la siguiente temporada. Los jugadores procedentes de Leipzig jugaban y entrenaban en Berlín, pero se trasladaban a la capital sajona a vivir. Se debe recordar que los equipos Vorwärts estaban integrados por jugadores que se encontraban realizando el servicio militar o eran militares, por lo que una vez terminado el servicio dejaban el club si no se integraban en el Ejército. Esto es lo que ocurrió con buena parte de los jugadores procedentes de Leipzig. Una vez terminado su servicio, dieciséis de ellos decidieron volver a Leipzig donde se integraron en equipos de la ciudad.

El primer mito sobre el equipo es la afirmación que se trasladó por motivos políticos, en una decisión tomada en los despachos alejada de cualquier consideración deportiva. Es cierto que la medida se tomó en consideración a tener un equipo de fútbol importante en la capital, aspecto que pesó de igual forma en la decisión de incluir al Hertha en la Bundesliga en la RFA. Estas decisiones eran producto de una situación política de alta tensión entre los dos bloques, donde Alemania era en esos momentos la primera trinchera del enfrentamiento. Por otra parte debemos recordar que los equipos no eran clubes autónomos, sino que formaban parte de las empresas matrices de las que llevaban el nombre, por lo que un traslado de la misma incluía un traslado igual de la sociedad deportiva. Con el establecimiento de Berlín Este como capital de la RDA se estableció en la misma las sedes gubernamentales, por lo que los equipos que formaban parte de las mismas (Vorwärts y Dynamo), era normal que tuvieran el principal equipo en la capital.

El segundo mito se establece en el hecho de que los jugadores que decidieron no continuar en el equipo al finalizar su servicio militar tuvieron problemas para desarrollar sus carreras deportivas. Este es el mito, ahora la realidad histórica en la figura de las tres principales estrellas del equipo en ese momento. El extremo izquierdo Horst Scherbaum (1925-1996) fue jugador del Chemie Leipzig y en 1953 se unió al KVP Leipzig, que será más tarde el Vorwärts Berlín. En 1955 al terminar su servicio militar vuelve a Leipzig y juega en el SC Rotation Leipzig. Al finalizar su carrera deportiva entrena a los juveniles de ese equipo, y más tarde tendrá una larga carrera como entrenador en equipos como el Karl-Marx Stadt y el Lokomotive Leipzig.

El extremo izquierdo Rudolf Mitzschke (1924-1981) será quien, tras dejar su carrera en 1955, se integrará en la parcela técnica y luego directiva del Vorwärts Berlín. El ejemplo más claro de la supuesta persecución política la tenemos en la figura de la principal estrella del equipo, el delantero Heinz Fröhlich (1926-1999) jugador del Chemie Leipzig; en 1952 ingresa en el Vorwärts Leipzig y luego en el Vorwärts Berlín hasta 1955, cuando regresa a su ciudad y juega en el Lokomotive Leipzig hasta su retirada en 1960.

Tras la misma estudia ciencias políticas con una beca estatal en Moscú. A su vuelta ocupó varios cargos públicos y llegó a ser Primer Secretario del SED en Leipzig, tomando importantes decisiones para la ciudad.

Los futbolistas en la RDA tenían un carácter amateur, no cobraban por serlo, ya que trabajaban para la empresa matriz para la cual jugaban; debido a que tenían que ausentarse de sus lugares de trabajo por razones de entrenamiento y práctica del juego, se establecieron las llamadas *Kaderstellen* (Posiciones administrativas) que definían la situación de cada jugador; los que se encontraban en la K-3 tenían horas libres a su disposición para entrenar, los que estaban en la K-2 tenían 16 horas libres semanales para entrenar y desplazarse, y los que se encontraban en la K-1 estaban casi liberados del trabajo. Se iba ascendiendo de categoría en función del rendimiento deportivo y laboral de cada jugador. En la RDA no existían los traspasos de jugadores entendido como tal; cuando un jugador iba a otro club se le aplicaba la fórmula de *Delegiertespieler* (jugador delegado).

La temporada 1954/55 vio un duelo muy apretado entre tres equipos, el SC Turbine Erfurt, que se proclamaría campeón, el SC Wismut Karl-Marx Stadt, y el SC Rotation Leipzig, que llegaron con posibilidades de alcanzar el título en las últimas jornadas, decido por un empate del Turbine en el último partido y una derrota del Karl Marx.

El Karl- Marx Stadt se resarciría de su derrota ligera al imponerse en la Pokal al SC Empor Rostock por 3-2 en Leipzig.

En el transcurso de la temporada se realizaron varios traslados y cambios de nombre de equipos, debido a las directrices políticas referentes al establecimiento de polos de desarrollo económico en las ciudades importantes del país. Al trasladarse las empresas matriz a otros lugares, muchos de los equipos tuvieron que hacerlo; en otros casos los traslados fueron decisión política en el sentido que determinada ciudad o territorio debía tener una sociedad deportiva importante, ya que en algunas zonas del país no existían equipos que estuvieran jugando en la Oberliga.

El SC Wismut Aue jugaba en la pequeña localidad minera de Aue, cercana a Chemmnitz; ésta última ciudad fue rebautizada con

el nombre de Karl-Marx Stadt y se decidió que debía contar con una sociedad deportiva importante, puesto que el Wismut Aue estaba cerca. Se cambió el nombre del equipo a SC Wismut Karl-Marx Stadt, si bien el equipo siguió jugando en Aue. El equipo tiene el récord de ser el que más partidos disputó en la RDA.

El Einheit Ost Leipzig pasó a ser el SC Rotation Leipzig, y el Rotation Dresden se convirtió en el SC Einheit Dresden; el Chemie Leipzig pasó a ser el SC Lokomotive Leipzig, el Turbine Halle el SC Chemie Halle. El Aktivist Brieske pasó a ser el SC Dynamo Berlin[3].

El SC Empor Lauter se convirtió en el SC Empor Rostock. La creación de este equipo fue obra de Harry Tisch (1927-1995), miembro del SED y sindicalista y hombre fuerte en Rostock, que sería presidente de la *Frei Deutschen Gewerkschaftbunden* (Federación de Sindicatos Libres de Alemania) entre 1975 y 1989. Rostock había sido designado como uno de los polos económicos de la RDA, y siguiendo con la tradición comercial de la ciudad, sede de la principal empresa estatal de comercio. La principal sociedad deportiva asociada al comercio era el Empor (recordar que esta denominación era asignada al comercio) Lauter, situado cerca de Zwickau al sur del país. Se organizó el viaje para todos los jugadores y sus familias, y en un corto espacio de tiempo se construyeron viviendas para ellos y un nuevo estadio para el equipo.

Entre los jugadores más destacados del equipo se encontraban el centrocampista Kurt Zapf (1929-2010), el extremo izquierdo Herbert Zwahr (1922) que se retiró en 1956 para formar parte del equipo técnico del Rostock, el extremo Horst Zedel (1930) jugador con facilidad para marcar goles; se retiró en 1960, y los hermanos Arthur Bialas (1930-2012) un buen delantero centro que marcó 79 goles con el Rostock hasta 1962 cuando pasó al Stahl Eisenhüttenstadt, retirándose en 1968 para entrenar al club; y Franz Bialas (1929) centrocampista que se retiró en 1956.

Las autoridades deportivas de la RDA crearon en 1954 la Hochschule für Körperkultur (Instituto para la Cultura Deportiva) en Leipzig, junto a otros muchos deportes decidieron crear dos equipos de fútbol, uno formado por jóvenes jugadores de otros equipos el

---

3 En el capítulo dedicado al Dynamo Berlín explicaremos con detenimiento la creación del mismo. Ahora solo anotamos la fecha de su creación.

SC DHfK (Sportclub Deutsche Hochschule Für Köperkultur Leipzig) y otro formado por jóvenes que se iniciaban en el fútbol. La sección estuvo dirigida por Janos Gyarmati (ex entrenador del Dynamo Dresden). Los resultados no fueron los esperados y al cabo de seis meses se disolvieron los dos equipos de fútbol. Los jugadores del primer equipo fueron delegados al ZSK Vorwärts Berlín, y los del segundo equipo al SC Dynamo Berlín. Su plaza en la Primera Liga fue ocupada por el SC Dynamo Dresden. Si bien la sección de fútbol acabó en fracaso, en las otras disciplinas fue un éxito total, y en 1989 era la sociedad deportiva que había ganado más medallas en el mundo con un total de noventa y tres medallas olímpicas y ciento treinta y seis en campeonatos mundiales.

En 1955 la Oberliga adoptará el calendario soviético y en lugar de jugarse de otoño a primavera, sería de primavera a otoño. Este calendario se mantendrá hasta 1960 tras comprobarse que generaba muchos problemas, en especial en invierno. En 1955 se jugará una ronda de transición para adaptar el calendario sin campeón ni descensos, si bien el SC Wismut Karl-Marx Stadt quedó primero y se consideró campeón moral del torneo.

La temporada 1956 significó finalmente el triunfo en la Oberliga del SC Wismut Karl-Marx Stadt. El equipo entrenado por Fritz Gödicke (exseleccionador) se mostró intratable, si bien tuvo que luchar hasta las últimas jornadas contra el SC Aktivist Brieske y el SC Lokomotive Leipzig que se mantuvieron en la pelea por el título casi hasta las últimas jornadas. Fue una temporada de crisis para el ex campeón Turbine Erfurt que estuvo a punto de descender y en la que se produjo el descenso de dos equipos recién formados: el SC Dynamo Berlín y el SC Empor Rostock.

En el Karl Marx destacaban los hermanos Karl (1924-2005) y Siegfried Wolf (1926-2017), ambos defensas contundentes, el central Bringfied Müller (1931-2016) que se retiró en 1965; el centrocampista Armin Günther (1924-2003) jugador de buen toque de balón que se retiró en 1958 para iniciar una carrera como entrenador; el delantero Heinz Glaser (1926) y por encima de todos ellos, el delantero centro Willy Tröger (1928-2004) excelente goleador; fue el jugador más famoso en la RDA en la década de los cincuenta, un auténtico ídolo de masas. Se retiró en 1962, murió en la localidad

de Pirna y el nombre del estadio del equipo de la ciudad lleva su nombre.

En esta temporada el SC Wismut Karl-Marx Stadt participará en la copa de Europa jugando una ronda previa contra el conjunto polaco del WKS Gwardia Varsovia, perdiendo el primer partido en Polonia por 1-3, obteniendo idéntico resultado en casa, por lo que se jugó un partido de desempate que acabó por falta de luz 1-1; se decidió que se celebraría un sorteo para decidir quién pasaba y salió ganador el equipo alemán. En octavos se enfrentó al Ajax perdiendo en casa por 1-3 y en Amsterdam por 0-1.

En la final de la Pokal celebrada en el Ernst-Grube Stadion de Magdeburg, se impuso el SC Chemie Halle-Leuna por 2-1 al ASK Vorwärts Berlin.

En la siguiente temporada el SC Wismut Karl-Marx Stadt volvió a proclamarse campeón de la Oberliga en un duelo que no se resolvió hasta las últimas jornadas con quien sería el dominador de los próximos años, el ASK Vorwärts Berlín.

La final de la Pokal se celebró en el Ernst Thälmann Stadion de Karl-Marx Stadt donde se impuso el SC Lok Leipzig por 2-1 al SC Empor Rostock.

La selección de la RDA comenzó a preparar la fase de clasificación del Mundial de 1958 con el húngaro Janos Gyarmati (1910-1974) como entrenador. El exjugador de Ferencvaros y ex entrenador del Dynamo Dresden, introdujo métodos más profesionales en los entrenamientos de la selección, estableciendo todos los meses campamentos de entrenamiento de dos o tres días en la localidad de Bad Blankenburg. Así mismo preparaba las selecciones inferiores.

En su primer partido derrotó a Rumania por 3-2, y más tarde a Luxemburgo por 3-0. En el grupo para la clasificación del Mundial estuvo junto a Checoeslovaquia y Gales. Venció a Gales en el primer partido por 2-1 pero perdió los otros tres. Gyarmati presentó su dimisión el 27 de octubre de 1957.

El húngaro fue sustituido por Heinz Krügel (1921-2008) ex jugador del SC Planitz, que había entrenado al SC Empor Rostock. Permaneció en el cargo hasta 1961 logrando cuatro victorias, si bien perdió la eliminatoria para ir al Mundial de 1962 frente a Hungría

por 0-2, por lo que fue destituido. Más tarde sería el entrenador del FC Magdeburg en su etapa más importante en la RDA.

En el plano organizativo el 17 de mayo de 1958 se funda la *Deutsche Fusball Verein* (DFV), que será la Federación Alemana de Fútbol en la RDA y la Oberliga pasará a llamarse oficialmente DDR-Oberliga. El primer presidente de la DFV será durante unos meses Heinz Schöbel (1913-1980) quien más tarde será el presidente del Comité Olímpico de la RDA, siendo sustituido por Kurt Stoph (1912-1980) quien permanecerá en el cargo hasta 1961.

El ASK Vorwärts Berlín se proclamará, finalmente, campeón de la Oberliga en 1958 iniciando un periodo de dominio del equipo del Ejército que llegará hasta el final de la década de los sesenta.

En este primer equipo campeón destacarán el portero Karl-Heinz Spickenagel (1932-2012), muy sobrio y seguro bajo palos y titular en veintinueve ocasiones con la selección. Los defensas Gerhard Marotzke (1929) y Werner Filitz (1923-1995) y los delanteros Rolf Fritzsche (1933) apodado Rody, quien al final de la temporada pasará al Berlín Occidental jugando en el Tennis Borussia Berlin, una temporada en el Hambueg SV y más tarde en el HSV Hesse Kassel, y Horst Assmy (1933-1972) exjugador del Pankow, que se unió al equipo en 1954, y que a final de temporada también irá al Berlín Occidental y jugará en el Tennis Borussia, posteriormente en el Schalke 04 y Hessen Kassel.

La final de la Pokal celebrada en el Max-Reinmann Stadion de Cottbus la ganará el SC Einheit Dresden por 2-1 al SC Lok Leipzig.

En la Copa de Europa el SC Wismut Karl-Marx Stadt llegará a cuartos de final enfrentándose al Young Boys. Empató a dos en la ida y a cero en la vuelta. En el partido de desempate perdió por 1-2.

El SC Wismut Karl- Marx Stadt ganó su último título de Oberliga en 1959 frente a un ASK Vorwárts Berlín que notó las deserciones de dos de sus mejores jugadores; aun así el equipo berlinés tuvo opciones hasta los dos últimos partidos de liga.

El equipo de Aue, dirigido por Gerhard Hofmann (1927) que se mantuvo en el cargo hasta 1960, mantenía la columna vertebral de anteriores temporadas, si bien en la portería era titular Klaus Thiele (1934-2019) que era suplente en años previos, pero que esta temporada fue titular indiscutible y portero de la selección. Se retiró en

1968, y se añadió el delantero Siegfried Kaiser (1926) con facilidad goleadora.

La temporada asistirá al descenso del otrora campeón de la competición, el SC Turbine Erfurt.

La final de la Pokal tuvo que jugarse dos veces, ya que en el primer partido celebrado en el Heinz Steyer Stadion de Dresden entre SC Dynamo Berlin y el SC Wismut Karl-Marx Stadt, terminó en empate a cero. El segundo partido celebrado en el Bruno-Plache Stadion de Leipzig el SC Dynamo Berlin se impuso por 3-2 al SC Wismut Karl- Marx Stadt.

En la Copa de Europa el ASK Vorwärts Berlín caerá en la ronda previa en su enfrentamiento contra el Wolverhampton inglés, al ganar 2-1 en casa y perder 1-2 en Inglaterra.

La temporada 1960 fue la última que se jugó siguiendo el calendario soviético, y el campeón fue el ASK Vorwärts Berlín con un dominio absoluto del campeonato; puede decirse que fue un paseo militar, de veintiséis partidos ganó diecinueve, empató tres y perdió cuatro, marcando setenta y tres goles (récord de la Oberliga) y recibiendo solo veintiocho, si bien el equipo menos goleado fue con veintisiete el SC Dynamo Berlin que quedó segundo a nueve puntos, aunque solo marcó cuarenta y cuatro.

El equipo del *National Volksarmee* (NVA) se repuso en la delantera con las incorporaciones de Jürgen Nöldner (1941), que jugando de centrocampista llegador tuvo buenos registros goleadores. Cuando se retiró en 1973 trabajó como periodista deportivo editando *Die neue Fussballwoche*. Tras la unificación trabajó para Kicker hasta 2006. Lothar Meyer (1933-2002) delantero centro de buena capacidad rematadora. Tenía el rango de capitán en el ejército. En 1961 fue detenido y expulsado del Ejército y del equipo por un delito sexual y pasó un año en la cárcel. En 1964 fichó por el Dynamo Berlín donde jugó hasta 1969. El corpulento delantero Gerhard Vogt (1933-2003) artífice de goles importantes, y esta temporada significó el debut de un jugador que sería clave en los triunfos del Vorwärts en años posteriores, el delantero centro Rainer Nachtigall (1941) extremo derecho de mucha clase y velocidad con el balón, gran capacidad de regate y de gol, que jugará en el

equipo hasta 1970, cuando se retira para trabajar como periodista deportivo.

El SC Motor Jena se impondría en la final de la Pokal celebrada en el Ernst Grube Stadion de Magdeburg al SC Empor Rostock por 3-2. Con este triunfo el equipo de Jena comenzó a cimentar las bases de un equipo competitivo en la década de los sesenta y posteriores.

En la Copa de Europa el SC Wismut Karl-Marx Stadt llegó a octavos, jugando contra el Rapid Wien, perdiendo en Viena por 1-3 y venciendo en casa por 2-0. Se jugó un partido de desempate en el que el equipo austriaco se impuso por 1-0.

En la Recopa el ASK Vorwärts Berlín cayó eliminado en la ronda previa frente al Rangers escocés al perder por 5-2 el partido de ida en Glasgow y 3-4 el de vuelta en Berlín.

A diferencia de la RFA, la RDA sí que participó en el nuevo torneo de la Eurocopa creado por la UEFA, si bien su participación fue escasa ya que fue derrotada en los octavos de final por Portugal por 0-2 en la RDA y 3-2 en Portugal.

La temporada 1961/62 recuperó el calendario otoño-primavera, que ya no se alteraría hasta el final de la Oberliga en 1991. Se establecía una competición de catorce equipos donde todos los equipos jugarían tres partidos entre ellos, uno en casa, otro fuera y un tercero en campo neutral. Las localidades que se elegirían para jugar estos partidos en campo neutral tendrían que tener una importancia económica industrial y agrícola, o bien ser sede de algún acontecimiento social importante.

A principios de 1961 Günther Schneider (1924-2000) exjugador del SG Planitz y del ZSG Horch Zwickau accedía al cargo de vicepresidente de la DFV, si bien ejerció como presidente, cargo que ocupó plenamente desde 1976 hasta 1983. Schneider fue una figura clave desde la DFV en el desarrollo del fútbol en la RDA e impulsor de los cambios que se fueron introduciendo a mediados de la década de los sesenta.

El ASK Vorwärts Berlín que mantenía la plantilla de la temporada anterior se proclamó de nuevo campeón, si bien tuvo una mayor competencia en SC Empor Rostock, que durante muchas jornadas fue líder destacado, si bien tuvo una racha negativa de

cuatro derrotas consecutivas que lo que le llevó a perder el liderato y, finalmente, el título, quedando segundo a tan solo tres puntos de los berlineses. En tercer lugar quedó el SC Dynamo Berlín a cinco.

El SC Empor Rostock que había vuelto a ascender hacía tres años, estaba bajo la tutela de uno de los mejores entrenadores de la RDA Walter Fritzch (1920-1997), quien muy joven tuvo que dejar el fútbol por una grave lesión. Empezó a entrenar en 1953 al Motor Dessau, y en 1956 al Karl-Marx Stadt a quien hizo campeón. En 1959 estará siete años en el Empor Rostock, y en 1969 hasta 1978 entrenará al Dynamo Dresden en el periodo más exitoso del club. Se caracterizaba por aprovechar bien las capacidades individuales de sus jugadores, adaptando la táctica del juego a ellas.

El equipo fue el máximo goleador del campeonato con 77 goles, y Arthur Bialas, jugador veterano del mismo, fue el máximo goleador de la temporada con 23 goles. En el equipo ya empezaban a destacar jóvenes jugadores como Heino Kleininger (1939-1997) delantero con buen olfato de gol, Werner Drews (1940) buen delantero, quien al retirarse trabajaría como entrenador en las secciones inferiores del club, y el centrocampista Wolfgang Barthels (1940) jugador de buen toque y salida de balón.

La final de la Pokal la disputaron en el Ernst Thälman Stadion de Karl-Marx Stadt el SC Chemie Halle que se impuso por 3-1 al SC Dynamo Berlín.

En la Copa de Europa el ASK Vorwärts Berlín cayó eliminado en octavos frente al Rangers al perder en casa 1-2 y en Glasgow por 1-4.

Mejor papel tuvo en la Recopa el SC Motor Jena, que alcanzó las semifinales contra el Atlético de Madrid perdiendo 0-1 en Jena y 0-4 en Madrid.

En la Copa de Ferias un equipo integrado por jugadores de varios equipos de Leipzig cayó en octavos frente al MTK Budapest por 0-3 en la capital húngara y empatando a cero en Leipzig.

El húngaro Károly Sós (1909- 1991) fue nombrado seleccionador nacional en 1961, el exjugador de Ferencvaros y Honved entre otros introdujo los métodos de trabajo que se practicaban en Hungría, y potenció a los jugadores más destacados de la RDA. En su

periodo, estuvo en el cargo hasta 1968, fue cuando la RDA jugó un fútbol vistoso y atractivo, si bien no le acompañaron los resultados.

Sós ganó su primer partido con la selección al imponerse en Moscú a la URSS por 2-1 en un amistoso. Sin embargo en los clasificatorios para el Mundial de 1962 solo consiguió un punto en su grupo junto a Países Bajos y Hungría.

El ASK Vorwärts Berlin no pudo repetir título en la temporada 1962/63, ya que entró en una pequeña crisis deportiva, y solo pudo quedar tercero a bastante distancia del campeón, que fue un equipo que llevaba dos temporadas realizando un buen trabajo, y que ganó la Pokal dos años antes. El campeón fue el SC Motor Jena, equipo dirigido por Georg Buschner (1925-2007) desde 1958. El exjugador del Motor Gera y Motor Jena, basó el juego en un bloque compacto difícil de crearle ocasiones de gol, y en el que brillaba la figura de dos jóvenes hermanos Peter Ducke (1941) apodado *Schwarzer Peter* (el negro Peter) delantero centro que jugó siempre en el Motor Jena, posteriormente Carl Zeiss Jena. Jugador de clase dentro del área entre 1959 y 1977, marcó 153 goles en 352 partidos. Fue el máximo goleador de la temporada con 19 goles; en 1965 fue declarado atleta del año y en 1971 futbolista del año, y Roland Ducke (1934- 2005) extremo derecho de gran velocidad y calidad en el desborde. En 1970 fue elegido mejor jugador de la RDA.

La temporada finalizaba con el descenso del SC Dynamo Dresden a Primera Liga de la RDA.

La Pokal celebrada en el Lenin Stadion de Altenburg la ganó el BSG Motor Zwickau al BSG Motor Zeitz por 3-0.

En 1963 la revista de fútbol *Die neue Fussball Woche* estableció el título de mejor jugador del año, elegido entre todos los editores de medios deportivos de la RDA. El primero en recibirlo fue el centrocampista del SC Wismut Karl-Marx Stadt Manfred Kaiser.

En la Copa de Europa el ASK Vorwärts Berlin no pasó de la ronda previa al caer eliminado frente al Dukla Praha por 0-3 en Berlín y 0-1 en Praga. Igual suerte corrió el SC Chemie Halle en la Recopa que cayó en la ronda previa frente al OFK Belgrado perdiendo 0-2 en Belgrado y empatando a tres en Halle. Y un equipo formado por

jugadores de Leipzig también cayó en la ronda previa de la Copa de Ferias frente al FK Vojvodina por un 1-2 total.

En las rondas de clasificación para la Eurocopa de 1964 la RDA eliminó a la URSS al ganar en casa por 2-1 y empatar a uno en Moscú, pero cayó eliminada en la siguiente ronda ante Hungría al perder 1-2 en casa y empatar a tres en Hungría en un partido polémico donde el árbitro yugoeslavo Borce Nedelkovski pito de forma extraña a favor de los húngaros, y tanto fue así, que la FIFA le suspendió para arbitrar más partidos internacionales.

La temporada 1963/64 asistió a la proclamación como campeón por última vez en la Oberliga de una BSG, es decir de una sociedad deportiva de empresa. El título de la competición fue para el Chemie Leipzig que se impuso al SC Empor Rostock en una temporada muy igualada, con tan solo dos puntos de ventaja finales para los de Leipzig.

El Chemie estaba entrenado por el teórico del fútbol Alfred Kunze (1909-1996) que fue jugador y entrenador antes de la guerra. Fue miembro del Partido Nazi de 1937 a 1945 y sirvió en la Wehrmacht siendo prisionero de los británicos hasta 1948. Estudió y analizó todas las tácticas y técnicas de fútbol que se practicaban en los principales países europeos. Tras su cautiverio regresó a Leipzig, y en 1950 fue nombrado miembro del Comité de Fútbol, siendo seleccionador nacional en dos partidos. Posteriormente, entrenó al VKP Leipzig, que formaría el Chemie Leipzig y luego Lokomotive Leipzig hasta 1955. Estuvo un tiempo apartado, entrenó más tarde a equipos de categorías inferiores y en 1962 volvió al Chemie Leipzig. Su equipo jugaba un fútbol de calidad, con velocidad y control del balón.

Los jugadores más destacados del Chemie fueron el delantero Klaus Lisiewicz (1943) delantero centro con facilidad anotadora, Lothar Pacholski (1938-2005) jugador que podía jugar en cualquier posición de ataque y con facilidad para marcar. Se retiró en 1973 y fue entrenador en equipos de la segunda división de la RDA, y Bernd Bauchspiess (1939) delantero centro goleador, fue varias veces máximo goleador de la Oberliga. Había jugado en SC Lok Leipzig y el SC Dynamo Berlín, cuando éste descendió volvió a Leipzig y empezó la carrera de medicina. Fue fichado por el Chemie en

1961 donde jugó diez temporadas, al tiempo que proseguía sus estudios. En 1969 se doctoró en Medicina.

El jugador del año 1964 fue el defensa Klaus Urbanzcyk del Chemie Halle.

El campeón de la Pokal celebrada en el Paul Greifzu Stadion de Dessau fue el SC Aufbau Magdeburg que se impuso por 3-2 al SC Leipzig.

En la Copa de Europa el Motor Jena caerá en la ronda previa frente al Dinamo Bucarest al perder en Rumania por 0-2 y ganar en Jena por 1-0. En la Recopa el Motor Zwickau cayó en octavos frente al MTK Budapest al ganar por 1-0 el partido de ida y perder 0-2 el de vuelta. En la Copa de Ferias el SC Leipzig caerá en la ronda previa frente al Újpest Pósza por 0-0 el partido de ida y 2-3 el de vuelta.

El ASK Vorwärts Berlín se proclamará campeón de la temporada 1964/65 con bastante superioridad respecto a sus perseguidores el SC Motor Jena y el Chemie Leipzig. El equipo del Ejército mantenía su columna vertebral mejorada con la incorporación del delantero Jürgen Piepenburg (1941) que jugó toda su carrera en el equipo. Delantero de gran capacidad goleadora, fue el máximo goleador en la copa de Europa de la RDA con 11 goles en 22 partidos. Se retiró en 1975 para iniciar una carrera como entrenador en varios equipos.

El SC Aufbau Magdeburg volvió a proclamarse campeón de la Pokal al vencer por 2-1 al Motor Jena en el *Friedrich-Ludwig-Jahn-Sportpark* de Berlín. El mejor jugador de 1965 fue el portero Horst Weigang del SC Leipzig.

En la Copa de Europa el Chemie Leipzig cayó en la ronda previa frente al Györi Vasis al perder en Leipzig por 0-2 y en Hungría por 2-4. En la Recopa el Aufbau Magdeburg también cayó en dieciseisavos frente al Galatasaray al terminar los dos partidos con empate a uno, se jugó uno de desempate que también finalizó con empate a uno y por sorteo pasó el equipo turco. En la Copa de Ferias el SC Leipzig cayó eliminado en la ronda previa frente a un combinado de equipos de Viena, perdiendo el partido en campo austriaco por 1-2 y en Leipzig por 0-1.

La selección no corrió mejor suerte para su clasificación para el Mundial de 1966 al no ganar ningún partido en su grupo de clasificación en el que se encontraban Hungría y Austria.

A partir de la siguiente temporada las reformas de la DFV permitirán el establecimiento de clubes de fútbol desgajados de las empresas de las que forman parte. Es por ello que fue el Chemie Leipzig la última sociedad deportiva de empresa que conquistó el título de la Oberliga, ya que el Vorwärts Berlín siendo una sociedad deportiva no se encontraba adscrito a ninguna empresa, sino al NVA y al Ministerio de Defensa.

# CAPÍTULO VII

## RFA: LA BUNDESLIGA (1963-1978)

La creación de la Bundesliga significó una transformación total y definitiva para el fútbol en la RFA; finalmente se creaba una liga similar a la de las grandes potencias futbolísticas, y buena parte de los mejores equipos de las Oberligas se enfrentarían entre ellos, lo que significó una mayor competitividad que se reflejó en la mejora de las prestaciones de los clubes alemanes en las competiciones europeas y de mantener, cuando no superar las actuaciones de la selección.

La Bundesliga aumentó el interés de la población por el fútbol, lo que se tradujo en una mayor afluencia a los estadios, y en el surgimiento de programas radiofónicos que retransmitían la jornada, así como programas televisivos de resúmenes; más adelante se irán retransmitiendo partidos por televisión.

La cara reluciente de la Bundesliga también dará paso a una más oscura, cuando vayan apareciendo casos de pagos "extraños" para fichar jugadores, y escándalos de amaños de partidos, así como actitudes poco gratificantes de algunos directivos, aspectos estos que también estuvieron presentes en otros torneos nacionales.

La Bundesliga se inició a las cinco de la tarde de un 24 de agosto de 1963 en el Wesser Stadion de Bremen entre el Werder Bremen y el Borussia Dortmund; el delantero de los de la cuenca del Ruhr, Timo Konietzka, marcó el primer gol de la historia de la Bundesliga a los 58 segundos de comenzar el partido.

El primer campeón de la Bundesliga celebrada en la temporada 1963/64 fue el 1 FC Köln quien mantuvo una gran autoridad frente a sus rivales durante todo el campeonato, sacando al final seis puntos a sus dos inmediatos perseguidores, Meiderich SV y Eintracht Frankfurt. Los dos primeros descendidos fueron el Preussen Münster y el Saarbrücken. Uwe Seeler con 30 goles fue el máximo anotador del campeonato.

El Köln presidido por Franz Kremer era el mejor equipo del momento y el más avanzado en infraestructuras y en dirección técnica del momento. Su presidente tomando como referencia al Real Madrid, había creado un equipo filial y categorías inferiores, así como un moderno campo de entrenamiento en Geissbockheim.

El equipo estaba entrenado por Georg "Schorsch" Knöpfle (1904-1987) antiguo delantero centro en la década de 1920 en clubes importantes del sur de Alemania. Tuvo que retirarse en 1933 por una grave lesión y en 1937 empezó su carrera como entrenador en el Eintracht Braunschweig, equipo en el que permaneció hasta 1948. De 1949 a 1953 fue entrenador del Hamburg SV al que proclamó campeón de varias Oberligas, y en 1953 fichó por el Bayern, si bien estuvo poco en el cargo, pasando al Werder Bremen donde permaneció hasta 1963 cuando fichó por el Köln, sustituyendo al yugoeslavo Zlatko Cajvoski que fichó por el Bayern. Estuvo en el cargo hasta 1967 cuando fue nombrado director deportivo del club, siendo el primero en la RFA. Cargo que ocupó hasta 1970 cuando volvió como entrenador al Hamburg SV.

El Köln mantenía la plantilla de anteriores temporadas donde seguían destacando los veteranos Hans Schäfer y Georg Stollenwerk, y donde empezaban a destacar los jóvenes Wolfgang Overath (1943) mediocentro ofensivo de gran calidad en el pase y en la dirección del equipo. Jugó siempre en el Köln hasta su retirada en 1977. Fue internacional en 81 ocasiones. De 2004 a 2011 fue presidente del club. Junto a Overath se encontraba el defensa central Wolfgang Weber (1944) de gran contundencia en la marca y el corte. También jugó toda su carrera en el Köln y se retiró en 1978, pasando a ser entrenador asistente del equipo, y al año siguiente entrenó dos temporadas al Werder Bremen.

El TSV München se impuso por 2-0 al Eintracht Frankfurt en la final de la Pokal celebrada ante 45 000 espectadores en el Neckarstadion de Stuttgart.

El Borussia Dortmund tuvo un destacado papel en la Copa de Europa de esa temporada alcanzando las semifinales, donde fue eliminado por el Inter Milán (2-2 y 0-2) En la Recopa el Hamburg SV alcanzó los cuartos donde fue eliminado por el Olympique Lyon (1-1, 0-2).En la Copa de Ferias el Köln alcanzó las semifinales donde fue eliminado por el Valencia (4-1, 2-0).

La RFA decidió de nuevo no participar en la Eurocopa que se celebró en Suecia en 1964, aduciendo las mismas razones que en la edición inaugural.

Uno de los principales problemas a los que se enfrentó la recién creada Bundesliga, fue que al no crear una 2 Bundesliga, las Regionalliga se mantenían casi en el amateurismo ya que sus jugadores seguían adscritos al Vertragspieler, lo cual provocaba una distancia inmensa entre los equipos que jugaban Bundesliga y el resto, generando también graves problemas económicos a los equipos que descendían. Sería un problema que aún tardaría tiempo en corregirse.

La segunda temporada de la Bundesliga vivió un duelo hasta la última jornada entre 1FC Köln y Werder Bremen, la victoria de este último por 3-0 frente al Dortmund y un empate del Köln frente al Nürnberg dio el título liguero a los de la ciudad hanseática. El Werder estaba entrenado por Willi Multhaup (1903-1982), quien más adelante entrenaría al Dortmund y al Köln para volver al Werder. Multhaup fue un innovador e introdujo en el fútbol alemán el sistema 1-4-2-4, lo que confirió al equipo un juego atractivo y ofensivo. La solidez defensiva la aportaban Horst-Dieter Höttges (1943) central contundente, ex Gladbach, y Heinz Steinmann (1938) procedente del 1FC Saarbrücken.

En las posiciones de descenso quedaron el Karlsruher y el Schalke 04; el motivo por el que no descendieron fue el primero de los escándalos que surgió en la Bundesliga y que comentaremos más adelante. Esta temporada se produjo el ascenso del Bayern München y el Borussia Mönchengladbach, que protagonizarán una de

las principales rivalidades en el fútbol alemán en la década de los setenta.

En la final de la Pokal se impuso el Borussia Dortmund por 2-0 al Alemannia Aachen en el Niedersachsenstadion de Hannover. En el equipo de la cuenca del Ruhr destacaban los delanteros Friedhelm "Timo" Konietzka (1938-2012) jugador con gran capacidad rematadora, que al año siguiente ficharía por el TSV 1860 München y posteriormente jugaría en la liga suiza. Lothar "Emma" Emmerich (1941-2003) delantero centro con gran olfato de gol, fue el primer jugador en alcanzar los cien goles en Bundesliga, y su apodo dio nombre a la mascota del club *Die Beine Emma* (La abeja Emma), y Siegfried "Siggi" Held (1942) extremo veloz y hábil con el balón.

En la Copa de Europa el Köln cayó en cuartos ante el Liverpool, los dos partidos quedaron empate a cero y en el desempate ganaron los ingleses 1-0.

En la Recopa el TSV 1860 München se enfrentó en dieciseisavos al Union Luxemburgo, ganando la ida por 6-0; no se celebró la vuelta; en octavos frente al Oporto ganó la ida 1-0 y empató a uno la vuelta; en cuartos frente al Legia Varsovia ganó 4-0 la ida y empató a cero la vuelta; en semifinales frente al Torino perdió en la ida por 0-2 y ganó la vuelta 3-1, en el partido de desempate ganó 3-1; en la final se enfrentó al West Ham perdiendo por 0-2.

En la Copa de Ferias el Dortmund u el Stuttgart cayeron en octavos; las abejas frente el Manchester United, y el Stuttgart frente al Durmferlein.

Esta temporada estuvo marcada por el primer escándalo monetario de la Bundesliga. Los contratos de los jugadores venían estipulados por el Lizenzerspieler, así como los traspasos, pero el nuevo formato de competición provocaba que bajar a Regionalliga fuera un golpe económico muy importante para los clubes por lo que muchos empezaron a pagar a sus jugadores por encima de lo permitido. Estos pagos se hacían en "negro" a través de contratos por actividades suplementarias; fueron muchos los equipos que utilizaron estas fórmulas ilegales, pero quien los sobrepasó fue el Hertha.

El presidente del Hertha Wolfgang Horst quería crear un importante equipo en la ciudad, por lo que intentó fichar a importantes

jugadores; para ello se asoció con Raymond Schwab, antiguo profesional del circo, y ahora pretendía montar una especie de empresa de representación, crearon un entramado para atraer a jugadores mediante pagos no permitidos. La DFB envió un auditor al club que descubrió el desfase de las cuentas, y la práctica de pagos en negro, por lo que se decidió descender al club como castigo. Debido a que políticamente era imprescindible que hubiera un club del Berlín Occidental en Bundesliga, se decidió que su plaza la ocupara el Tennis Borussia Berlín; este rechazó el ofrecimiento que finalmente si aceptó el Tasmania Berlín.

El hecho que la plaza del Hertha la ocupara un equipo berlinés provocó las protestas del Karlsruher y del Schalke 04 (se encontraban en posición de descenso), que consideraban que la debía ocupar uno de ellos. Finalmente la DFB decidió ampliar la Bundesliga a dieciocho equipos, por lo que esa temporada no hubo ningún descenso.

A raíz del escándalo, la DFB decidió reformar el estatuto de los jugadores aumentando el salario base de los mismos a 400 DM y que la bonificación para ellos quedase establecido en una horquilla de 10 000 a 15 000 DM; aumentando así mismo el máximo para la transferencia entre clubes a 100 000 DM en Bundesliga y a 75 000 DM en Regionalliga.

La temporada 1965/66 puso a la ciudad de München en el centro del fútbol alemán; el TSV 1860 München fue campeón de la Bundesliga, mientras que el Bayern lo fue de la Pokal.

El título de liga estuvo disputado entre los dos equipos muniqueses y el Dortmund casi hasta el final de temporada, cuando los leones aprovecharon los pinchazos de sus dos rivales en las últimas jornadas. El TSV 1860 München estaba dirigido por el austríaco Max Merkel (1918-2006), exdefensor del Rapid Wien y Wiener Sport Club y que fue seleccionador neerlandés en 1955-56. Tras entrenar al Rapid y al Dortmund cogió al equipo muniqués y lo hizo campeón. Conocido como Míster Látigo por su dureza en los entrenamientos, dirigió más equipos de la Bundesliga como Schalke 04 y Ausburg y tuvo una aventura española entrenando al Sevilla y Atlético de Madrid.

En el TSV 1860 München destacaban el ex del Dormuntd Timo Konietzka que había fichado ese año, el delantero Rudolf Brunnenmeier (1941-2003) que debutó con 19 años y jugó ocho temporadas en el club marcando 139 goles en 225 partidos. Más tarde jugaría en Suiza en equipos como el Neuchatel y el Zúrich; y el portero yugoeslavo Peter Radenkovic (1934) que jugó ocho temporadas en el club. Su hermano era cantante en EEUU y el compuso un single con la canción Bin I Radi, bin I König que vendió 400 000 copias.

El máximo goleador del campeonato fue el delantero del Dortmund Lothar Emmerich con 31 goles. Descendieron el Borussia Neunkirchen y el Tasmania Berlin.

El Tasmania Berlín ostenta aún el récord de ser el peor equipo de la Bundesliga. De 34 partidos disputados solo ganó dos, marcó 15 goles y recibió 108. Es el equipo que menos puntos (8) ha conseguido en una temporada, y el que tiene más partidos consecutivos (31) sin conseguir una victoria; en la temporada 2020/21 el Schalke 04 estuvo a un partido de igualar el récord; y el que sufrió más derrotas en una temporada (28)[4].

En la Pokal celebrada en el Waldstadion de Frankfurt, el Bayern se impuso por 4-2 al Meiderischer SV.

El Bayern, que había quedado tercero en Bundesliga empatado a puntos con el Dortmund, empezaba a asomar en lo alto del fútbol alemán. El equipo recogía los frutos de la gestión de su presidente Wilhelm Neudecker (1913-1993) que presidió el club entre 1962 y 1979, y fue el responsable de los fichajes que harían grande al club en la década de los setenta (Beckenbauer, Müller, Maier y Uli Hoeness). Se preocupó sobremanera por las finanzas del club y nunca realizó dispendios en los fichajes. Su política era fichar a jugadores que terminaban contrato y venían por voluntad propia al club o ficharlos muy jóvenes, como fue el caso más adelante de Karl-Heinz Rummenigge.

El Bayern estaba entrenado en ese momento por el yugoeslavo Zlatko Cajkosvski (1923-1998) exinterior derecho del Partizan y el Köln. Había sido entrenador del Köln y se caracterizaba por dar libertad a sus jugadores más creativos. Más tarde entrenaría de

---

4 En el momento de escribir este libro el Greuther Fürth (temporada 2021/22) puede superar al Tasmania en varios de sus récords negativos.

nuevo al Köln y a otros equipos como el Hannover 96 y el 1 FC Nürnberg.

En el equipo ya jugaban tres de los jugadores que serían enseña del club, del fútbol alemán y mundial. El portero Josef Dieter "Seep" Maier (1944) que jugó siempre en el club. Hábil y rápido en sus paradas, se le apodó *Die Katze* (El Gato). Fue considerado uno de los mejores porteros del mundo entre 1966 y 1977. Cuando se retiró debido a un accidente de coche pasó a ser entrenador de porteros del club.

Franz Beckenbauer (1945) considerado uno de los mejores jugadores del mundo. Podía jugar en diversas posiciones del centro del campo y fue el precursor del defensa líbero. Jugó en infantiles en el TSV 1860 München, y fichó por el Bayern a los 14 años; hizo su debut en 1964. Fue apodado *Der Kaiser* (El emperador) a raíz de una foto suya en Viena al lado del busto del emperador Francisco José. En su carrera ganó dos Balones de Oro (1972, 1976). Se retiró en 1983 jugando en el New York Cosmos. En 1990 fue el seleccionador nacional que logró el Mundial para la RFA, siendo el brasileño Mario Zagallo el segundo en conseguir un Mundial como jugador y entrenador. Tras entrenar una temporada al Olympique Marsella pasó a formar parte de la estructura del Bayern, siendo entrenador interino dos veces (1994 y 1996). Fue presidente del club hasta que se retiró de la presidencia en 2009 para dejar su puesto a Uli Hoeness.

El tercer gran jugador fue el delantero centro Gerd Müller (1945-2021) conocido como *Der Bomber der Nation* o Torpedo Müller. Jugador muy inteligente en sus movimientos, sus piernas cortas le conferían un centro de gravedad bajo que le permitía zafarse de las defensas contrarias con facilidad. Poseía una gran colocación, y un potente juego aéreo, a pesar de no ser muy alto, cuando tenía el balón en los pies era difícil quitárselo y marcaba en jugadas imposibles. Posee el récord goleador en la Bundesliga con 365 goles. Fue Bota de Oro en 1970 y 1972 y Balón de Oro en 1970. En 1972 alcanzó el récord de goles en un año natural (85), récord superado por Lionel Messi en 2012 (91). Ese mismo año marcó 41 goles en Bundesliga, récord que fue superado en la temporada 2020/21 por Robert Lewandowski con 42.

En la Copa de Europa el Werder Bremen cayó en octavos frente al Partizan, perdiendo la ida por 1-3 y la vuelta por 0-1.

En la Recopa el Dortmund se enfrentó en dieciseisavos al Floriana ganando la ida por 5-1 y la vuelta por 8-0; en octavos se enfrentó al CSK Sofía ganando la ida en casa por 3-0 y perdiendo en la vuelta por 2-4; en cuartos se enfrentó en Madrid al Atlético de Madrid logrando un empate a uno y venciendo en Dortmund por 1-0. En semifinales jugó contra el West Ham, ganando en Londres por 2-1 y en Dortmund por 3-1. En la final jugada en Glasgow se enfrentó al Liverpool, a quien venció por 2-1 con goles de Siegfried Held y Lothar Emmerich. De esta forma, el Dortmund se convertía en el primer equipo alemán en ganar una competición europea.

En la Copa de Ferias el FC Nürnberg, el Hannover 96 y el FC Köln caerán en octavos, mientras que el TSV 1860 München llegará a cuartos al ser eliminado por el Chelsea.

En 1966 se celebró el Mundial en Inglaterra; la RFA estaba entrenada desde el verano de 1964 tras la retirada de Sepp Herberger, por el adjunto de este Helmut Schön, exjugador del Dresden FC y exseleccionador del Sarre. Schön llevó a cabo un relevo generacional en el equipo convocando a Beckenbauer, Held y Haller, junto a ya veteranos como Uwe Seeler.

La RFA quedó encuadrada en el Grupo II junto a España, Argentina y Suiza. En el primer partido se impuso a Suiza por 5-0, y repitió resultado (2-1) frente a Argentina y España, clasificándose para los cuartos de final donde se enfrentó a Uruguay, venciendo por 4-0 en un partido muy brusco. En semifinales venció a la URSS por 2-1 con muchas jugadas polémicas.

El 26 de julio se celebró la final que jugó la RFA frente a la anfitriona Inglaterra. La selección alemana se adelantó en el marcador con gol de Haller en el minuto doce, logrando Hurst en el dieciocho el empate para los ingleses. En el minuto setenta y ocho Petters adelantó a Inglaterra y Weber en el último minuto empató para la RFA. En el minuto diez de la prórroga un disparo de Hurst parecía que había entrado en la puerta y salir despedido. Nadie había visto bien la jugada y el árbitro suizo Dienst tras consultar con su linier dio gol, convirtiéndose en el gol fantasma más famoso de la historia de los mundiales. Pocos minutos después Hurst marcaría el

cuarto y definitivo gol que dio su único Mundial hasta el momento a Inglaterra.

El Eintracht Braunschweig fue el campeón de la temporada 1966/67, y puede afirmarse que fue el último campeón que representaba un estilo de club familiar, donde su presidente Fricke ejercía como gran patriarca en una imagen que correspondía ya a tiempos pretéritos de las Oberligas. A partir de esa temporada los campeones serán clubes que mostrarán ya una imagen de club moderno, con figuras y modo de trabajar más acorde con los tiempos.

Su entrenador Helmuth Johannsen (1920-1998) era el prototipo de esa idea de fútbol. Licenciado en profesor de fútbol en 1950, entrenó a varios equipos de la Oberliga Nord hasta que en 1963 llega al Eintracht Braunschweig, donde mantendrá la idea de que en el equipo debían ser once amigos. Basó su triunfo en una importante solidez defensiva, siendo el equipo menos goleado del campeonato y al que costaba más generarle ocasiones de gol.

Los dos equipos descendidos fueron el Fortuna Düsseldorf y el Rot-Weiss Essen, y el trofeo de máximo goleador fue para Lothar Emmerich y Gerd Müller, ambos con veintiocho goles.

En la final de la Pokal celebrada en el Neckarstadion de Stuttgart, el Bayern se impuso por 4-0 al Hamburg SV.

En la Copa de Europa el TSV 1860 München tuvo un corto recorrido; en dieciseisavos se enfrentó al Osmonia chipriota al que venció por 8-0 en München y perdió 1-2 en Chipre. En octavos se enfrentó al Real Madrid al que venció en casa por 1-0, perdiendo en Madrid por 1-3.

En la Recopa el Bayern se proclamaría campeón de la competición, logrando de este modo su primer título continental. En su recorrido hasta la final se enfrentó en dieciseisavos al Tratan Presov, empatando la ida a uno y ganando en casa por 3-2, en octavos frente al Shamrock Rovers, empatando a uno en la ida, y ganando de nuevo en casa 3-2. En cuartos de final se enfrentó al Rapid Wien, perdiendo en Viena por 0-1 y ganando en casa 2-0. En semifinales ganó en casa 2-0 al St Lieja y 3-1 fuera. En la final se impuso por 1-0 al Rangers.

El Dortmund se clasificó directamente a octavos como campeón de la competición, donde cayó eliminado por el Rangers que le ganó en Glasgow por 2-1, y empatando a cero en Dortmund.

En la Copa de Ferias el Stuttgart y el FC Nürnberg cayeron en dieciseisavos, mientras que el Eintracht Frankfurt alcanzaba las semifinales contra el Dinamo Zagreb ganó 3-0 en Frankfurt y perdió 0-4 en Zagreb.

La siguiente temporada vivió el triunfo de un histórico, el 1 FC Nürnberg, que consiguió su octavo y último título liguero. El equipo dirigido por el austriaco Max Merkel se caracterizó por un juego ofensivo con tres centrocampistas de calidad como eran el austriaco Gustl Starek (1945), Zvesdan Cebinac (1939-2012) y Heinz Müller (1943), y en la delantera Georg "Schorsch" Volkert (1945-2020), quien más tarde tendría una exitosa carrera en el Hamburg SV. El equipo de Franconia consiguió el título en el último partido venciendo en casa al Bayern por 2-0, logrando sacar dos puntos de ventaja al Werder Bremen.

Los descendidos fueron el Borussia Neunkirchen y el Karlsruher; y como máximo goleador se situó el delantero del Köln Hannes Löhr (1942-2016) que jugó en el equipo hasta 1978, luego ocupó el cargo de entrenador asistente y de entrenador entre 1983 y 1986, y fue seleccionador de la sub 21 entre 1990 y 2002.

En la final de la Pokal celebrada en el Südweststadion de Ludwigshafen el 1 FC Köln se impuso por 4-1 al VfL Bochum.

En la Copa de Europa el Eintracht cayó en cuartos frente a la Juventus al ganar en casa 3-2 y perder en Turín por 0-1.

En la Recopa participaron dos equipos alemanes, el Bayern como vigente campeón y el Hamburg SV que quedó finalista de la Pokal que ganó el Bayern. El Bayern alcanzó las semifinales donde fue eliminado por el Milan tras perder 0-2 en tierras italianas y no pasar del empate a cero en casa.

El Hamburg SV alcanzó la final de la competición que perdió por 0-2 frente al Milan.

En la Copa de Ferias el Eintracht Frankfurt y Hannover 96 cayeron en dieciseisavos al empatar en tierras checas a dos. Mientras que FC Köln y 1860 München lo hacían en dieciseisavos.

La RFA aceptó participar en la Eurocopa de 1968, pero no pasó de la fase clasificación al perder en Albania por 1-0 un partido en el que le servía el empate. Schön que no convocó a ninguna de las estrellas del Bayern para ese partido, calificó ese día como uno de los más negros de su carrera deportiva.

En el plano administrativo de la Bundesliga, a pesar de los escándalos por pagos en negro de temporadas anteriores, éstos seguían realizándose debido a los problemas financieros que sufrían los clubes al bajar a Regionalliga y a las ganancias obtenidas por jugar competiciones europeas, por lo que les interesaba mantener y fichar jugadores importantes. A ello se unía el que varios equipos de Regionalliga empezaban a declararse en quiebra al no poder mantener su presupuesto debido a que tenían menos espectadores, en especial los que se encontraban en una localidad o cerca de una con equipo en Bundesliga, y por las crisis de determinados sectores económicos que anteriormente habían ayudado a los clubes.

Ante esta situación la DFB se planteó crear una 2 Bundesliga de carácter profesional, por lo que creó el 14 de octubre de 1967 una comisión para que en 1969 estipulase la formación de la misma. Pero el 1 de agosto de ese año, la Asamblea de la DFB rechazó por 110 votos a favor y 152 en contra la creación de la misma. Resolución que tendría repercusiones muy negativas en el futuro.

La temporada 1968/69 asistirá al triunfo liguero del Bayern en la que será su primera Bundesliga. El equipo estaba entrenado por el yugoeslavo Branko Zebec (1929-1988) un entrenador metódico, que se preocupaba por el estado físico de sus jugadores e introdujo el control nutricional de los mismos, así como implementó el trabajo táctico en los entrenamientos. El equipo mantenía la columna vertebral de temporadas anteriores, debutando el defensa Hans-Georg “Katsche” Schwarzemberg (1948) de fuerte complexión y bueno en el corte.

Esa temporada descendió el anterior campeón 1 FC Nürnberg, que entró en una profunda crisis deportiva e institucional, y el Kickers Offenbach. El máximo goleador fue Gerd Müller con treinta goles.

El Bayern consiguió el doblete al vencer en la final de la Pokal celebrada en el Waldstadion de Frankfurt al Schalke 04 por 2-1. El

tanto del conjunto minero lo consiguió uno de los jugadores míticos del club, el extremo derecho Reinhard "Stan" Libuda (1943-1991) jugador de gran habilidad en el *dribbling* y velocidad en la carrera. Llamado "Stan" porque lo comparaban con el jugador inglés Stan Matthews con el que tenía gran parecido físico y ambos jugaban en la misma posición. En las gradas los aficionados cantaban una estrofa de un himno evangélico "Nadie escapa de Jesús, salvo Stan Libuda".

En la Copa de Europa el Nürnberg tuvo un papel testimonial cayendo en la ronda de dieciseisavos ante el Ajax empatando en casa a uno y perdiendo en Ámsterdam por 0-4.

En la Recopa el Köln fue eliminado en semifinales por el FC Barcelona, al empatar en casa a dos y perder fuera por 1-4.

En la Copa de Ferias el 1860 München fue eliminado en dieciseisavos, el Eintracht y el Hannover en octavos, mientras que el Hamburg SV que alcanzó los cuartos, se retiró antes de jugarse la eliminatoria.

Las dos siguientes temporadas de la Bundesliga las ganará otro de los equipos ascendidos en 1965, el Borussia Mönchengladbach, más conocido como Gladbach, que se convertirá en el primer equipo en conseguir dos títulos de forma consecutiva en el nuevo formato de competición.

El Gladbach estaba entrenado por Hennes Weisweiler (1919-1983) centrocampista de gran calidad que jugó en el Köln de 1948 a 1952. Tras su retirada estudió Fútbol y Deportes en la Universidad de Köln con Sepp Herberger de profesor y de 1955 a 1958 entrenó al Köln. Desde 1965 a 1974 entrenó al Gladbach consiguiendo los mejores resultados en la historia del club. Practicaba un fútbol de velocidad, verticalidad y fue un precursor de la presión adelantada. Su equipo corría tanto que se le apodó *Die Fohlen* (Los Potros), apodo con el que se conoce actualmente al club. Más tarde entrenaría una temporada al FC Barcelona, donde tuvo problemas con Johan Cruyff, volvió al Köln y entrenó en varios equipos suizos.

En el equipo destacaban el defensa Hans "Berti" Vogts (1946) que jugó toda su carrera en el equipo, y que más tarde fue entrenador de la selección que logró la Eurocopa del 96. El centrocam-

pista Herbert "Hacki" Wimmer (1944) que jugó hasta 1978, se caracterizaba por su capacidad defensiva y robo de balón; el extremo izquierdo danés Ulrik Le Fevre (1946) hábil y con gol. Pero las dos figuras más destacadas fueron el delantero Jupp Heynckes (1945) que jugó casi toda su carrera en el equipo, jugador rápido y con mucho olfato de gol. Tras su retirada entrenó al Gladbach, Bayern y Real Madrid entre otros equipos; y por encima de todos, el centrocampista Günther Netzer (1944), considerado uno de los mejores jugadores de todos los tiempos, quien poseía un excelente desplazamiento de balón, en especial desde muy atrás, con lo que superaba muchas líneas defensivas del rival. Se le apodó *Karajan* por el director de orquesta Herbert von Karajan por su habilidad y capacidad de dirigir el equipo. Jugó en el Real Madrid entre 1973 y 1976, y fue director deportivo del Hamburg SV entre 1977 y 1985.

En 1970 descendieron el Alemannia Aachen y un antiguo campeón de la Bundesliga el TSV 1860 München. El máximo goleador fue Gerd Müller con treinta y ocho goles. El campeón de la Pokal fue el equipo de Regionalliga Kickers Offenbach que se impuso al 1 FC Köln por 2-1 en el Niedersachsenstadion de Hannover.

En la Copa de Europa el Bayern tuvo una actuación decepcionante, cayendo en dieciseisavos ante el Saint Etienne, ganando en casa 2-0 y perdiendo en Francia por 0-3. En la Recopa el Schalke 04 alcanzó las semifinales, cayendo eliminado ante el Manchester City ganando en casa 1-0 y perdiendo la vuelta 1-5.

En la Copa de Ferias el 1860 München, el Stuttgart y el Hannover cayeron en dieciseisavos, mientras que el Hertha lo hizo en octavos.

En 1970 la DFB prohibió que se pudieran federar en las ligas regionales los equipos de fútbol que estaban creando los emigrantes que habían llegado a Alemania aprovechando el boom económico del país, utilizando algunos argumentos que rozaban la xenofobia. Así mismo se prohibió también la creación de equipos de fútbol femenino como venían reclamando algunas mujeres, entre ellas la esposa de Gerd Müller, quien defendió que las mujeres pudiesen jugar al fútbol.

En 1970 se celebró el Mundial de México. La RFA quedó encuadrada en el Grupo IV junto a Bulgaria, Perú y Marruecos. En el pri-

mer partido contra Marruecos, la RFA ganó 2-1 con muchos apuros; mucho más fácil fue el triunfo frente a Bulgaria (5-2) y frente a Perú (3-1). En cuartos de final la RFA se vengó de la derrota de Wembley al eliminar a Inglaterra, remontando un 0-2 en contra para finalizar con 3-2. En semifinales cayó ante Italia al perder por 3-4. En el partido de consolación ganó por 1-0 a Uruguay.

La siguiente temporada vivió el duelo entre Gladbach y Bayern, que se convertirá en una rivalidad que dividirá al país más allá del fútbol. En el imaginario popular se creó la imagen de un Bayern como equipo poderoso y conservador (en Baviera gobernaba la CSU) y su estadio se encontraba en el barrio de Schwabin (zona rica de München), frente a un Gladbach que provenía de una ciudad industrial y creado por obreros, lo que le hacía ser identificado con valores de izquierda. El Bayern llegó a ser un equipo “odiado” por las aficiones rivales, y tuvo problemas de agresiones en sus desplazamientos con las hinchadas de los equipos locales.

El Gladbach fue campeón con dos puntos de diferencia sobre el Bayern, y descendieron el Kickers Offenbach y el Rot-Weiss Essen. El máximo goleador fue el centrocampista del Rot-Weiss Oberhausen Lothar Kobluhn con veinticuatro tantos. En la Pokal celebrada en el Neckarstadion de Stuttgart se impuso el Bayern por 2-1 al 1 FC Köln.

En la Copa de Europa el Gladbach eliminó en dieciseisavos al Epa Larnaca por un contundente 16-0 total, y cayó en octavos ante el Everton por 1-1 la ida y mismo resultado la vuelta, pasando los ingleses en la tanda de penaltis. En la Recopa el Kickers cayó en dieciseisavos al ganar al Brujas 2-1 en casa y perder fuera por 0-2.

En la Copa de Ferias en cuartos el Köln eliminó al Arsenal por 2-1 y 1-0, y el Bayern cayó ante el Liverpool por 0-3 y 1-1. En semifinales el Köln cayó ante la Juventus por 1-1 y 0-2.

En 1971 estalló el mayor caso de corrupción en la historia de la Bundesliga y del fútbol alemán cuando el presidente y empresario español Gregorio Canellas, presidente del Kickers Offenbach, en su fiesta de 50 cumpleaños, mostró a miembros de la DFB y periodistas grabaciones telefónicas donde él intentaba comprar a Bernd Patzki jugador del Hertha para que ganasen al Arminia, inmerso en

las plazas de descenso con el objetivo de que no descendiera el Kickers, afirmando que eran prácticas habituales en la Bundesliga.

La DFB en manos de su fiscal Hans Kindermann investigó los hechos, descubriendo que se habían amañado diez partidos de la temporada, afectando a equipos como el Kickers el Arminia y el Schalke 04, además de a un gran número de jugadores. Kickers y Arminia fueron descendidos por dos años, y a muchos jugadores se les impusieron multas; a los que eran internacionales como Stan Libuda, se les expulsó de la selección a perpetuidad. El escándalo supuso un duro golpe para la Bundesliga tanto a nivel nacional como internacional, y tardaría mucho tiempo en recuperarse.

Las siguientes tres temporadas el título quedará en manos del Bayern, siendo el primer equipo en conseguir tres Bundesligas consecutivas. El Bayern estaba entrenado por Udo Lattek (1935-2015) uno de los entrenadores alemanes con más títulos. Estuvo en el club desde 1970 hasta 1975, ese año pasó al Gladbach hasta 1979, y de 1981 al 83 entreno al FC Barcelona. En el equipo había debutado ya el extremo izquierdo Uli Hoeness (1952) que jugó hasta 1978 en el club. Más tarde ocuparía cargos directivos en el club y Paul Breitner (1951), jugador versátil que podía actuar de defensa o centrocampista, que jugó también en el Real Madrid y causaba polémica por sus críticas al sistema y su ideología maoísta.

En su primera temporada como campeón el Bayern tuvo como máximo rival al Schalke 04, al que solo pudo superar por tres puntos de diferencia (56 a 53). Esa temporada descendieron el Borussia Dortmund y el Arminia Bielefeld que quedó último, pero debía bajar por la sanción federativa; y Gerd Müller fue el máximo anotador con cuarenta goles.

El campeón de la Pokal de la temporada 1971/72 fue el Schalke 04, que se impuso por 5-0 al 1 FC Kaiserslautern en el Niedersachsenstadion de Hannover.

En la Copa de Europa el Gladbach tuvo una actuación discreta eliminando al Cork por 5-0 en la ida y 2-1 en la vuelta, pero cayó en octavos ante el Inter por 2-4 en Milán y 0-0 en casa. Mejor actuación tuvo el Bayern en la Recopa llegando a semifinales, eliminando al Skoda, Liverpool y Steaua, cayendo en semifinales ante el Rangers al empatar a uno en casa y perder en Glasgow por 0-2.

En la recién creada Copa de la UEFA, que sustituía a la Copa de Ferias, los equipos alemanes no tuvieron una actuación destacada. En treintaidosavos, de los cuatro equipos pasaron tres, Eintracht Braunschweig, Köln y Hertha, y cayó eliminado el Hamburg. En dieciseisavos cayeron eliminados el Hertha y el Köln, y pasó el Braunschweig que eliminó al Athletic Bilbao, cayendo en octavos ante el Ferencvaros.

En 1972 se celebró la fase final de la Eurocopa en Bélgica; la RFA fue uno de los cuatro semifinalistas clasificados tras quedar primero en su grupo de clasificación. La semifinal la jugó contra la anfitriona Bélgica a la que ganó en un partido complicado por 2-1 con goles de Gerd Müller. La final frente a la URSS fue de claro dominio alemán, que se impuso por 3-0 con dos goles de Müller y uno de Wimmer.

La temporada siguiente se recuerda porque el Eintracht Braunschweig puso publicidad en su camiseta, en concreto de la cerveza Jägermeister de su ciudad; como la publicidad estaba prohibida se puso la cabeza de un ciervo (logo de la cerveza) con las iniciales E.B. La DFB le prohibió jugar así, pero se abrió la puerta a la publicidad en las camisetas deportivas.

En el plano deportivo la Bundesliga fue un paseo militar del Bayern que le sacó nueve puntos de ventaja al Köln, que quedó segundo. Descendieron el Eintracht Braunschweig (quizás por beber mucha Jägermeister) y el Rot-Weiss Oberhausen, y Gerd Müller fue de nuevo el máximo goleador con 30 tantos.

En la final de la Pokal celebrada en el Rheinstadion de Düsseldorff el Gladbach se impuso por 2-1 al 1FC Köln.

En la Copa de Europa el Bayern alcanzó los cuartos tras eliminar al Galatasaray y Osmonia, y cayendo ante el Ajax por 0-4 en Amsterdam y 2-1 en München. En la Recopa el Schalke 04 también alcanzó los cuartos tras eliminar al Slavia Sofia y Cork y cayendo ante el Sparta Praga ganando 2-1 en casa y perdiendo en Praga por 0-3.

En la Copa de la UEFA pasaron los treintaidosavos Kaiserslautern, Gladbach y Köln, mientras el Eintracht Frankfurt cayó eliminado. En dieciseisavos pasaron los tres equipos alemanes. En octavos se clasificó el Kaiserslautern, mientras que Köln y Gladbach se enfrentaron entre ellos, con 0-0 en Köln y 5-0 en Mönchengladbach. En cuartos se volvieron a enfrentar los dos equipos alemanes ganando el Gladbach por 1-2 y 7-1. En semifinales el Gladbach eliminó al Tweente por 3-0 y 1-2, y perdió la final, que se jugaba a doble partido, ante el Liverpool entrenado por Bill Shankly con Kevin Keegan y John Toshak en sus filas por 3-0 en Liverpool y 2-0 en Mönchengladbach.

La temporada 1973/74 vivió un duelo intenso entre Bayern y Gladbach, quedando los bávaros tan solo un punto por encima (53 a 52), mientras descendían Fortuna Köln y Hannover 96. Los máximos goleadores fueron Jup Heynckes y Gerd Müller con 30 goles.

La Pokal celebrada en el Rheinstadion de Düsseldorf fue para el Eintracht Frankfurt que se impuso por 3-1 al Hamburg SV. En las águilas destacaba Jürgen Grabowski extremo de gran calidad y trabajo para el equipo.

En 1974 y tras muchas discusiones y votaciones en contra, la DFB consigue llevar a éxito la creación de una 2 Bundesliga con las mismas características profesionales que la Bundesliga. La segunda quedará establecida en dos grupos: el del Sur y el del Norte, y no será hasta 1981 cuando adopte el formato actual.

El Bayern se proclamará campeón de la Copa de Europa, siendo el primer equipo alemán en conseguirlo, al vencer en la final al Atlético de Madrid. La final llegó con 0-0 a los noventa minutos; en la prórroga los españoles se adelantaron con un gol de falta de Luis Aragonés, y casi al final de la misma un tiro lejano de Schwarzenbeck se la “come” Pepe Reina y el partido termina en empate. En el partido de desempate los bávaros se impondrán por 4-0.

En la Recopa el Gladbach alcanzará las semifinales donde caerá eliminado por el Milan que le gana en Italia 2-0 y no pudo pasar del 1-0 en casa. Los equipos alemanes en la UEFA tendrán suerte desigual, el Wüppertaler cae en la primera ronda, Fortuna Düsseldorf cae en octavos ante el Lokomotive Leipzig, en cuartos cae el Köln ante el Tottenham y en semifinales el Stuttgart ante el Feyenoord.

El Mundial de 1974 se celebró en la RFA, y el sorteo hizo que las dos Alemanias quedasen encuadradas en el Grupo A junto a Australia y Chile. En el partido inaugural la RFA se impuso a Chile por 1-0 con gol de Breitner, ganando a Australia por 3-0. El partido frente a la RDA jugado en Hamburg con grandes medidas de segu-

ridad, terminó en derrota por 0-1, pero le permitió a la RFA evitar a Brasil y Paises Bajos, pasando al Grupo 2 con Yugoeslavia, Polonia y Suecia.

La RFA se impondrá a Yugoeslavia por 2-0, a Suecia por 4-1 y a Polonia por 1-0 bajo un fuerte diluvio. En la final jugada el 7 de julio en München, se enfrentó a los Países Bajos que se adelantó con gol de Neeskens de penalti, tras gran jugada de Cruyff, empatando Breitner de penalti, y finalmente Müller logró el tanto del triunfo. Con este triunfo la RFA se convertía en la primera selección europea que ganaba de forma consecutiva Eurocopa y Mundial.

Las tres siguientes temporadas el Gladbach le devolverá la pelota al Bayern, consiguiendo de forma consecutiva la Bundesliga. En los Potros habían salido algunos jugadores y empezaban a formar el esquema del equipo el defensa y centrocampista Rainer Bonhof (1950) jugador de buen pase en largo y especialista en faltas directas, jugó en el Valencia y el Köln. El extremo derecho Henning Jensen (1949-2017), jugador veloz que también jugó en el Real Madrid; el danés Allan Simonsen (1957) considerado uno de los mejores extremos de su época, jugó en el FC Barcelona, y el centrocampista Ulrich “Uli” Stielike (1954) que tuvo una trayectoria brillante en el Real Madrid.

El Bayern por su parte pasó una importante crisis en la Bundesliga, pero no así en la Copa de Europa que sumó dos más, siendo el único equipo alemán en ganar tres de forma consecutiva. Dettmar Cramer (1925-2015) había sustituido a Lattek en el banquillo y ya despuntaba el hábil delantero Karl-Heinz Rummenigge (1955) que jugó diez años en el club y posteriormente en el Inter, consiguiendo el Balón de Oro en 1980 y 1981. De 2002 a 2021 ha sido Director General del Bayern. Destacaban también el centrocampista Bernhard “Bernd” Dürnberger que jugó siempre en el club y que tiene el récord de ser el jugador que más títulos ha ganado con su club sin haber sido convocado nunca con su selección; y Hans-Josef “Jupp” Kapellmann (1949) centrocampista de buen toque de balón.

En la edición de 1975 el Bayern se impuso en la final al Leeds por 2-0. El equipo bávaro debería haber disputado la Copa Intercontinental, pero rehusó participar en el torneo. En la edición de 1976 tras eliminar en las semifinales al Real Madrid (2-2 en Madrid, 1-1

en München), se impuso al Saint Etienne por 1-0. En 1975 Bayern e Independiente de Avellaneda no se pusieron de acuerdo en las fechas para disputar la Intercontinental, por lo que no se celebró. En la siguiente edición el Bayern se impuso al Cruzeiro de Brasil al ganar 2-0 y empatar en Brasil a cero.

En la edición de la Pokal de 1975 celebrada en el Niedersachsenstadion de Hannover, el Eintracht Frankfurt volverá a conseguir el título al vencer por 1-0 al MSV Duisburg. En 1976 en el Waldstadion de Frankfurt se proclamará campeón el Hmaburg SV al vencer por 2-1 al 1FC Kaiserslautern, y en 1977 en el Niedersachsenstadion el Hertha y el Köln empatarán a uno, y en el partido de desempate se impondrá el 1FC Köln por 1-0.

La DFB cambió de presidente en 1975 en la persona de Hermann Neuberger (1919-1992), quien permanecerá en el cargo hasta su muerte. Impulsó una modernización de la federación contratando expertos para diferentes campos que iban surgiendo como abogados en materia deportiva y laboral y especialistas en materia tributaria. Selló la unión con la DFV de la RDA, y es famosa su foto con el presidente de la misma Hans-Georg Moldenhauer dándose la mano sobre el capó de un Traband.

En la Copa de Europa de 1977 el Bayern caerá en cuartos frente al Dinamo Kiev, mientras que el Gladbach tras eliminar al Austria Viena, Torino y Brujas se enfrentará en la final al Liverpool de Bob Paisley con Kevin Keegan y Ray Kennedy, perdiendo por 1-3. El Liverpool rehúso jugar la Intercontinental y en su lugar fue el Gladbach como finalista, imponiéndose el equipo alemán a Boca Junior al empatar a dos en la Bombonera y ganar en casa 3-0.

El Eintracht Frankfurt tuvo un corto recorrido en la Recopa de 1975, cayendo en octavos ante el Dinamo Kiev, mientras que en la siguiente edición llegó a semifinales, donde cayó frente al West Ham. El Hamburg SV, que había fichado a la estrella inglesa Kevin Keegan, se proclamó campeón de la Recopa en 1977 tras eliminar en semifinales al Atlético de Madrid (3-1 en Madrid y 3-0 en Hamburg), y vencer en la final al Anderlecht belga por 2-0.

El Gladbach se proclamará campeón de la Copa de la UEFA en 1975 al vencer en la final al Tweente holandés, al empatar a cero la ida y ganar la vuelta por 5-1. En semifinales se habían enfrentado

contra el 1 FC Köln, ganando los potros ambos partidos (3-1 y 1-0). En la edición de 1976 el Hamburg SV es el equipo alemán que llega más lejos, concretamente a semifinales, cayendo ante el Brujas (1-1 y 0-1). En 1977 ningün equipo pasa de octavos (Kaiserslautern, Köln, Schalke 04, Eintracht Braunschweig).

En 1976 se celebró la fase final de la Eurocopa en Yugoeslavia, la RFA se había clasificado tras eliminar en cuartos a España, tras empatar a uno la ida y vencer por dos a cero la vuelta. En las semifinales se enfrentó a la anfitriona Yugoeslavia a la que venció por cuatro a dos. La final contra Checoeslovaquia jugada el 20 de julio terminó en empate a dos en el tiempo reglamentario y en la prórroga, se llegó a la tanda de penalties, donde el último y definitivo lo marcó Antonin Panenka que dio nombre a la forma en que lanzó el mismo.

La temporada 1977/78 la ganó el 1 FC Köln entrenado por Hennes Weisweiler, y con jugadores destacados como el portero Harald Anton "Toni" Schumacher (1954), famoso por la entrada al jugador francés Patrick Battiston en la semifinal del Mundial de 1982; el centrocampista Heinz Flohe (1948-2013) con gran despliegue en el campo, buena dirección del equipo y golpeo con la zurda, el también centrocampista Bernhard "Bern" Cullmann (1949), jugador de clase y padre del también jugador del Köln, Carsten Cullmann, el delantero Dieter Müller (1954) y el japonés Yasuhiko Okudera (1952), que fue el primer nipón en jugar en la Bundesliga.

La temporada fue un toma y daca entre el Köln y el Gladbach que terminaron empatados a puntos (48), imponiéndose el Köln por la diferencia de goles. Esta circunstancia provocó un nuevo escándalo en la Bundesliga, ya que en el último partido el Köln se impuso por 5-0 al St Pauli, mientras que el Gladbach se imponía por 12-0 al Dortmund, y los de Weisweiler fueron campeones por tres goles de diferencia. La sombra de amaño volvió a aparecer y el Dortmund despidió a su entrenador Otto Rehhagel y a su portero titular Endrulat.

El Köln consiguió el doblete esa temporada al vencer en la final al Fortuna Düsseldorf por 2-0 en el Parkstadion de Gelsenkirchen.

En la Copa de Europa el Gladbach caerá en semifinales frente al Liverpool (2-1, 3-0). En la Recopa el Hamburg SV no pasará de octa-

vos al caer eliminado ante el Anderlecht (1-2, 1-1). En la Copa de la UEFA el Eintracht llegará a cuartos, tras eliminar al Bayern en octavos, cayendo ante el Grasshoper suizo (3-2, 1-0).

Argentina fue la sede del Mundial de 1978 en el que la RFA no tuvo un papel destacado. Se encuadró en el Grupo A junto a Polonia, México y Túnez. No pasó del empate frente a Polonia, goleó a México (6-0) y empató a cero con Túnez. En la segunda fase jugó frente a Italia, Austria y Países Bajos y fue incapaz de ganar ningún partido; empató a cero con Italia, a dos con Países Bajos y cayó ante Austria por 3-2, quedando apeada del torneo.

En referencia al fútbol femenino, la DFB levantó el 31 de octubre de 1970 la prohibición sobre el mismo, estableciendo las siguientes reglas: los equipos debían tomar un descanso invernal, quedaban prohibidos los zapatos con techuras, los balones pesarían menos y los partidos durarían solo setenta minutos.

A partir del levantamiento se empezaron a jugar ligas a nivel regional, jugándose una final nacional entre campeones regionales en 1971, cuyo campeón fue el Tennis Borussia Berlín. En 1977 la DFB nombró a la exjugadora del SV West, Eimsbüttel Hannelore Ratzeburg (1951), Coordinadora del Fútbol Femenino, cargo que ocupó hasta 2001, creando durante este tiempo la Copa DFB femenina en 1980 y la Copa Nacional Femenina en 1981.

El principal equipo femenino en las primeras décadas fue el SV Bergisch Gladbach 09 que entre 1970 y 1990 ganó el campeonato nacional nueve veces.

# CAPÍTULO VIII

## RDA: LA OBERLIGA DE LOS CLUBES (1965-1978)

El año 1965 significa un antes y un después en el desarrollo del fútbol en la RDA. En 1965 la DFV y la Federación de Gimnasia y Deportes (DTSB) deciden otorgar al fútbol un estatus preferencial en el desarrollo del deporte nacional, con el objetivo de elevar el nivel de la Oberliga y promover el fútbol de primera clase. Para lograr este objetivo se decide establecer que diez secciones deportivas de empresas reciban un estatus de clubes deportivos independientes, que figurando aun nominalmente como parte de la misma, su gestión no tenga que depender en exclusividad de ella.

El objetivo era juntar en estos clubes a los mejores jugadores y entrenadores para que al mismo tiempo que se mejoraba el nivel de calidad en el juego, pudiesen competir en los torneos europeos y elevasen el nivel de la selección en las competiciones internacionales. Los clubes tuvieron una estructura deportiva parecida a los equipos de la RFA, y los entrenadores aplicaron modernas técnicas y tácticas de entrenamiento.

Los jugadores que participaban en los clubes tenían ventajas laborales frente a los que se encontraban en las sociedades deportivas, ya que tenían menos horas laborables y más horas para entrenar y desplazarse para los partidos.

Los diez clubes creados, excepto el Carl Zeiss Jena, se encontraban en las capitales de los distritos administrativos de la RDA, que formaban parte de los polos de desarrollo establecidos en los pla-

nes de expansión económica señalados anteriormente. El Carl Zeiss Jena se eligió por la importancia de la fábrica óptica situada en la localidad.

De este modo entre finales de 1965 y principios de 1966 se crearon los diez clubes de fútbol que iban a dominar la Oberliga de la RDA hasta su disolución.

- El 18/12/1965 el SC Empor Rostock pasó a ser el FC Hansa Rostock
- El 22/12/1965 el SC Magdeburg pasó a ser el 1 FC Magdeburg
- El 15/01/1966 el SC Karl-Marx Stadt pasó a ser el FC Karl-Marx Stadt
- El 15/01/1966 el SC Dynamo Berlín pasó a ser el Berliner FC Dynamo
- El 18/01/1966 el ASK Vorwärts Berlín pasó a ser el FC Vorwärts Berlín
- El 20/01/1966 el SC Leipzig pasó a ser el 1 FC Lokomotiv Leipzig
- El 20/01/1966 el SC Motor Jena pasó a ser el FC Carl Zeiss Jena
- El 20/01/1966 el TSC Berlín pasó a ser el 1 FC Union Berlin
- El 26/01/1966 el SC Chemie Halle pasó a ser el Hallescher FC Chemie
- El 26/01/1966 el SC Turbine Erfurt pasó a ser el FC Rot-Weiss Erfurt.

El SG Dynamo Dresden aunque seguía siendo en el nombre una sociedad deportiva de empresa, se le permitió tener en la práctica un funcionamiento como club de fútbol. El motivo de tal decisión vino motivado por el hecho de pertenecer a la Volkspolizei y encontrarse situado en una de las principales ciudades del país.

En Berlín los dos clubes principales pertenecían a órganos armados, el FC Vorwärts Berlín al NVA (Ejército Popular Alemán) y el Berliner FC Dynamo (que siguió siendo conocido como Dynamo Berlín de forma popular) a la Stasi, por lo que se consideró necesario crear un club civil, motivo por el cual el TSC Berlín que estaba adscrito a la Federación de Sindicatos Libres, y más en concreto al Sindicato del Metal, a pesar de jugar en 1 Liga (segunda división), se crease como club de fútbol.

El resto de clubes pertenecían a las capitales de los Bezirke (distritos administrativos en que estaba organizada la RDA) con la excepción del Carl Zeiss Jena, que como indicamos, la ciudad albergaba una de las principales industrias ópticas de Europa y formaba también uno de los polos de desarrollo.

Los clubes fueron apareciendo mientras se disputaba la temporada 1965/66 que estuvo muy competida durante bastantes jornadas entre el Vorwärts Berlin, Carl Zeiss Jena, Dynamo Dresden y Hansa Rostock. El equipo de Dresden fue líder durante varias jornadas, y solo hacia el final, debido a tres derrotas consecutivas, perdió cualquier oportunidad de conseguir el título; algo similar le ocurrió al Hansa. Finalmente, el FC Vorwärts se proclamó campeón, alcanzando su quinto título, con dos puntos de diferencia sobre el Carl Zeiss (34 a 32). El equipo del ejército seguía manteniendo su columna vertebral que le había hecho campeón en pasadas temporadas.

En el Carl Zeiss Jena entrenado por Georg Buschner destacaban los hermanos Ducke, el centrocampista Rainer Schlutter (1946) jugador de buen toque de balón, y el defensa Hans Meyer (1942), jugador sobrio atrás y difícil de superar. Meyer jugó siempre en el Jena y tras su retirada fue entrenador del equipo. Más tarde entrenaría al Unión Berlín (1995) y al Gladbach (1999-2003) y una temporada al Hertha.

Al final de la temporada descendieron el FC Rot-Weiss Erfurt y el 1 FC Magdeburg. El jugador de la temporada fue el delantero del FC Vorwärts Berlín Jürgen Nöldner.

La final de la Pokal celebrada en el Stadion an der Müllerweise de Bautzen la ganó el BSG Chemie Leipzig al imponerse por 1-0 al BSG Lokomotive Stendal.

La participación en las competiciones europeas no fue muy notable. El FC Vorwärts Berlín cayó eliminado en octavos de la Copa de Europa frente al Manchester United perdiendo en casa por 1-5 y en Manchester por 1-3. En la Recopa el Magdeburg llegó a cuartos donde fue eliminado por el West Ham al perder en Londres por 0-1 y empatar a uno en la vuelta. En la Copa de Ferias el SC Leipzig cayó en dieciseisavos frente al Leeds United por 1-2 y 0-0.

La siguiente temporada asistió al triunfo del histórico FC Karl-Marx-Stadt que consiguió su último título de Oberliga. El equipo entrenado por Horst Scherbaum no tuvo rival, siendo campeón con varias jornadas de antelación. En el equipo destacaban el portero Manfred Hambeck (1938), los extremos Rolf Steinmann (1942-1980) y Eberhard Schuster (1940) y el delantero centro Manfred Lienemann (1946). El FC Vorwärst Berlín tuvo una importante crisis deportiva quedando en mitad de la tabla. Descendieron el Wismut Gera y el Dynamo Berlín que tuvo dos entrenadores en la temporada, pero no arreglaron la situación. Curiosamente el mejor equipo de la capital fue el Union Berlín que quedó sexto, y que acababa de ascender esa temporada. El mejor jugador de la temporada fue el centrocampista del FC Karl-Marx-Stadt Dieter Erler (1939-1998), jugador de gran clase que jugó toda su carrera en el equipo.

En la final de la Pokal disputada en el Stahl Stadion de Brandenburg el BSG Motor Zwickau se impuso por 3-0 al FC Hansa Rostock. En el Zwickau jugaba el que ha sido considerado el mejor portero de la RDA Jürgen Croy (1949) portero ágil, con buenos reflejos y salida tanto a los pies como por alto. Jugó toda su carrera en el Zwickau hasta su retirada en 1981.

En la copa de Europa el FC Vorwärts Berlín caerá en la primera ronda al ser eliminado por el Gornik Zabre en un partido de desempate, los dos anteriores terminaron 2-1, en el que perdió por 1-3. En la Recopa el Chemie Leipzig llegó a octavos tras eliminar al Legia Varsovia, y cayó eliminado por el Standar Lieja. Más lejos llegó el Lokomotiv Leipzg en la Copa de Ferias, alcanzando los cuartos tras eliminar al Djurgärdens, al Olympique Lyon y al Benfica, cayendo ante el Kilmarnack (0-1 y 0-2).

La temporada 1967/68 fue un paseo militar para el Carl Zeiss Jena. Los de Georg Buschner fueron los máximos goleadores (51 goles a favor) y los que menos goles recibieron (19), y ganaron todos los partidos frente a sus principales competidores. A los jugadores ya destacados se les añadían el portero Hans-Ulrich Grapenthin (1943) y el centrocampista Winfried Patzer (1941). El descenso lo ocuparon el Lok Stendal y el histórico Dynamo Dresden. El mejor jugador de la temporada fue el centrocampista del Chemie

Halle Bernd Bransch (1944), jugador de gran calidad que más tarde formaría parte del Carl Zeiss Jena.

La Pokal celebrada en el Kurt-Wabbel-Stadion de Halle se proclamó campeón el 1 FC Unión Berlín que se impuso al campeón de la Oberliga Carl Zeiss Jena por 2-1. El Unión estaba entrenado por Werner Schwenzfeier (1915-1995) que trabajó en las categorías inferiores del equipo, y que tras salir del mismo, entrenó a equipos de tercera y regionales. Los jugadores más destacados eran el portero Rainer Ignaczak (1943), guardameta de gran altura física y buenos reflejos, que había jugado en el Dynamo Berlín y estuvo en el Unión hasta 1973; y el centrocampista de gran calidad Günther Hoge (1940-2017) apodado Jimmy.

Sobre el Unión Berlín se ha instaurado también un mito, en especial tras la caída de la RDA, en el sentido que era un club atípico que no formaba parte de las estructuras del régimen, y que muchos críticos de éste eran socios o simpatizantes del mismo. Como ocurre al analizar la historia y ceñirse a los hechos, hay una parte de verdad en ello, pero no tal como se cuenta. Es cierto que el Unión, a diferencia de los otros dos clubes de la ciudad, no formaba parte de las estructuras centrales y de seguridad del país, también lo es que en su Junta Directiva no hubo miembros del Politbüro; sin embargo en su consejo ampliado y en sus socios si hubo miembros dirigentes de la Federación de Sindicatos, del Ministerio de Transportes e incluso tuvieron un socio que formó parte del Politbüro y fue el sucesor de Erich Honecker, Hans Modrow. En conclusión, tampoco era un equipo tan alejado de los órganos de dirección del régimen. La imagen del Union como equipo atípico se creó en los años ochenta, y principalmente tras la caída de la RDA, cuando el Dynamo Berlín dominó la Oberliga como veremos más adelante.

La participación en las competiciones europeas fue decepcionante; en la Copa de Europa el FC Karl-Marx-Stadt cayó en dieciseisavos frente al Anderlecht (1-3 y 2-1); en la Recopa el Motor Zwickau no pasó de la ronda previa al caer ante el Torpedo Moscú (0-1, 0-0). En la Copa de Ferias el Dynamo Dresden no pasó de treintaidosavos y el Lokomotive Leipzig de dieciseisavos.

La RDA no se clasificó para la Eurocopa de 1968, si bien consiguió eliminar en la fase previa a Países Bajos y Dinamarca, pero no pasó su grupo donde quedó segunda tras Hungría. Tras estos resultados Károly Sos dimitió y fue sustituido por Harald Seeger que estuvo en el cargo hasta 1969, sin lograr clasificar a la RDA para el Mundial de 1970.

El FC Vorwärts Berlín ganó su último campeonato en la temporada 1968/69 en un duelo reñido con el Carl Zeiss Jena y Magdeburg, que no se resolvió hasta las últimas jornadas. El conjunto del NVA dirigido por el veterano Fritz Belger (1914-1983) contaba en sus filas con el defensa central Wolfgang Strübig (1947), el lateral derecho Franz-Reiner Withulz (1948), el extremo izquierdo Horst "Hotta" Wruck (1946) y el delantero centro Horst Begerad (1941). Descendieron el Union Berlin y el FC Lok Leipzig. El jugador de la temporada fue Eberhard Vogel del FC Karl-Marx-Stadt.

En el Rudolf-Harbig-Stadion de Dresden se celebró la final de la Pokal en la que el 1 FC Magdeburg venció por 4-0 al FC Karl-Marx-Stadt. El Magdeburg entrenado por Heinz Krügel, contaba ya con algunas de las figuras que le llevarían a ganar la Recopa de 1974. El centrocampista Peter Sykora (1946) que llegó ese año al equipo y más tarde defendería los colores del Hansa Rostock; el defensa Jörg Ohm (1944-2020) que también llegó esa temporada y que jugaría el resto de su carrera en el mismo; tras su retirada trabajó en el club y llegó a ser vicepresidente. El centrocampista Wolfgang "Paulie" Seguin (1945) que marcó el gol del triunfo en la Recopa. El delantero Wolfgang Abraham (1942-2013), y sin duda el más conocido, Jürgen Sparwaser (1948), famoso por el gol que dio el triunfo a la RDA sobre la RFA en el Mundial de 1974. En 1988 pasó a la RFA y fue entrenador asistente del Eintracht Frankfurt y más tarde entrenador del SV Darmstadt 98.

En la temporada 1968/69 los equipos de la Europa del Este se retiraron de las competiciones europeas por motivos políticos surgidos a raíz de sanciones por los acontecimientos de 1968. Solo el Hansa Rostock y el Lok Leipzig participaron en rondas previas de la Copa de Ferias. El Hansa eliminó al Niza en treintaidosavos y cayó ante la Fiorentina en dieciseisavos y el Lok Leipzig cayó en treintaidosavos ante el Hibernians.

El FC Carl Zeiss Jena será el dominador de la siguiente Oberliga donde no tuvo rival, mostrando una gran superioridad sobre el resto de rivales. El equipo entrenado todavía por Georg Büschner mantenía gran parte de la plantilla campeona de 1963 a la que se había añadido los laterales Udo Preusse (1945) y Jürgen Werner (1942-2014), el centrocampista Peter Rock (1941-2021) y el también centrocampista Harald Irmscher (1946), que sería seleccionador de Bielorrusia entre 2007-2011.

Esa temporada descendió el antiguo campeón FC Karl-Marx-Stadt que ascendería la siguiente temporada. El mejor jugador de la temporada fue el delantero Roland Ducke del Carl Zeiss Jena

La final de la Pokal disputada de nuevo en Dresden acabó con la victoria del FC Vorwärts Berlín sobre el 1 FC Lokomotive Leipzig por 4-2.

En las competiciones europeas el FC Vorwärts Berlin, tras eliminar al Partizan y Estrella Roja, cayó en cuartos de la Copa de Europa frente al Feyenord (1-0 y 2-0). En la Recopa el Magdeburg cayó en octavos ante el Academia Coimbra (1-0 y 2-0). En la Copa de Ferias el Hansa Rostock cayó en dieciseisavos ante el Inter y el Carl Zeiss Jena en cuartos frente al Ajax.

En 1970 se produjo una importante reforma administrativa a través de la Resolución de la DFV, por la que se estableció la separación definitiva entre los clubes de enfoque y las sociedades deportivas de empresas. Se legislaron condiciones financieras estrictas a las BSG y sus empresas patrocinadoras, descendiendo a algunas por irregularidades en los pagos a jugadores. Se modificó la práctica habitual de delegar a jugadores a los equipos de la NVA mientras cumplían el servicio militar; si bien esta norma se aplicó más a los clubes de enfoque que a las sociedades deportivas, que tuvieron que seguir delegando a sus jugadores. Con estas medidas se consiguió un aumento en la calidad de los clubes de enfoque y en la selección nacional.

En la resolución también se instaba a los clubes de enfoque a establecer centros de entrenamiento en sus distritos administrativos para los niños y los jóvenes Eran las llamadas *Kinder und Jungenschules* (KJS) con el objetivo de crear equipos que formasen la cantera de los mismos y potenciar la calidad de las futuras genera-

ciones de futbolistas. Esta medida significó una mejora sustancial en las prestaciones de los jóvenes futbolistas de la RDA, reflejándose en los buenos resultados obtenidos por las selecciones inferiores en campeonatos europeos y mundialistas.

El SC Dynamo Dresden fue el gran dominador de la temporada 1970/71 al alcanzar la Oberliga y la Pokal. Los de Walter Fritzch, quien confirió al equipo un aspecto táctico moderno y ofensivo, no tuvieron rival en el campeonato liguero y solo el Carl Zeiss Jena pudo mantenerles el ritmo, si bien quedó lejos en la tabla. En el equipo sajón empezaban a despuntar jóvenes jugadores que serán la base del equipo dominador de finales de la década. Los centrocampistas Frank Richter (1952) que jugó hasta 1980, si bien su carrera estuvo lastrada por múltiples lesiones; Rainer Sachse (1952) jugador de gran calidad en el desplazamiento de balón; Gert Heidler (1948) de buen toque; el lateral derecho Frank Ganzera (1947) con buena subida por banda y el delantero Dieter Riedel (1947) con buena capacidad goleadora. Pero sin duda el más destacado era el centrocampista Klaus Sammer (1942) jugador que dominaba todas las facetas del campo y podía jugar de líbero; se le llamó el Beckenbauer del Este, jugó en el equipo hasta 1975 y fue su entrenador de 1983 a 1986 y de 1992 a 1993. Es el padre del también jugador Matthias Sammer, de quien hablaremos más adelante.

Esa temporada descendieron el FC Rot-Weiss Erfurt y el antiguo campeón SC Chemie Leipzig. El mejor jugador de la temporada fue el centrocampista del Carl Zeiss Jena Peter Ducke.

Durante el trascurso de la temporada el FC Vorwärts Berlín fue transferido a Frankfurt am Oder y pasó a denominarse FC Vorwärts Frankfurt, entrando más tarde en una decadencia deportiva que le llevó a descender. La razón que se aducen para ese traslado es que Erich Mielke, celoso porque el equipo del NVA era dominador en Berlín, obligó al Ministerio de Defensa a que trasladase el equipo a Frankfurt. Como tantas otras veces, las afirmaciones se realizan solo en base a suposiciones sin pruebas fehacientes. El equipo pertenecía al NVA, que por aquellas fechas trasladó sus puestos centrales a dicha localidad para alejarlos de la frontera. En cuanto a la decadencia deportiva, como hemos visto, tras el decreto de 1970 los clubes dejaban de delegar al FC Vorwärts jugadores por realizar

el servicio militar, por lo que el club se tuvo que nutrir con jugadores de las sociedades deportivas, cuyo nivel competitivo era mucho menor.

En el recién ascendido 1 FC Lokomotive Leipzig brilló un jugador que tuvo el récord de partidos jugados en el mismo equipo, fue el centrocampista Henning Frenzel (1942) que estuvo toda su carrera en el equipo desde 1960 a 1978, jugando 420 partidos y marcando 152 goles. La otra curiosidad de Frenzel es que en el 2004 con 62 años jugó un partido con el Lok Leipzig en la Kreisliga 3 contra el SV Paunsdorf.

La final de la Pokal jugada en el Kurt-Wabbel-Stadion de Dresden la ganó el Dynamo Dresden al Dynamo Berlín por 2-1.

En la Copa de Europa el Carl Zeiss Jena llegó a cuartos tras eliminar al Fenerbahçe y el Sporting Lisboa, cayendo ante el Estrella Roja (3-2 y 4-0). En la Recopa el FC Vorwärts Berlín llegó a cuartos tras eliminar al Bolonia y Benfica, cayendo ante el PSV (2-0 y 1-0). En la Copa de Ferias el Dynamo Dresden cayó en la ronda preliminar al perder ante el Partizan Belgrado por un 0-6 total.

En 1970 Georg Buschner que se hizo cargo de la selección, imprimió un carácter más defensivo al juego del equipo y con ello mejoraron los resultados. Aunque los mejores jugadores se encontraban en los clubes delegados, Buschner no tuvo problema en seleccionar a jugadores que provenían de sociedades deportivas, como fue el caso de Jürgen Croy.

A pesar de la mejora de la selección, la RDA no se clasificó para la fase final de la Eurocopa de 1972. Sin embargo Buschner prometió, siendo el único seleccionador en la RDA en afirmarlo, que la RDA se clasificaría para el Mundial de 1974 que se celebraba en la RFA.

La temporada 1972/73 tuvo como campeón de la Oberliga al 1 FC Magdeburg, en el que Krügel a los nombres ya consagrados de temporadas anteriores, añadió un nutrido grupo de canteranos entre los que destacaban los defensas Detlef Enge (1952) que se retiró a los 25 años y Klaus Decker (1952) que jugó hasta 1983; los centrocampistas Jürgen Pommerenke (1953) y Axel Tyll (1953) y el delantero Siegmund Mewes (1951), que sería entrenador del

equipo entre 1990 y 1991. El mejor jugador de la temporada fue el portero del Zwickau Jürgen Croy.

En la Pokal celebrada en el Zentralstadion de Leipzig se impuso el Carl Zeiss Jena por 2-1 al Dynamo Dresden. En el equipo de Buschner empezaban a despuntar el defensa Lothar Kurbjuweit (1950) que sería presidente del club entre 1996 y 1999, y el centrocampista delegado del FC Karl-Marx-Stadt Eberhard "Matz" Vogel (1943), que entre los dos equipos, sumó 440 partidos, siendo el jugador de la RDA que más partidos disputó en la Oberliga. Más tarde fue entrenador de los juveniles de la RDA, y de la cantera del Gladbach y del Köln, y entrenador del Magdeburg.

En la Copa de Europa el Dynamo Dresden cayó en dieciseisavos frente al Ajax por 0-2 y 0-0. El Dynamo Berlín realizó mejor papel en la Recopa llegando a semifinales derrotando por el camino al Cardif, K Beerschot y Atvidaberg, cayendo ante el Dinamo Moscú empatando los dos partidos a uno y perdiendo la tanda de penaltis en el de vuelta.

En 1972 se celebró la primera edición de la Copa de la UEFA; el Chemie Halle debía enfrentarse ante el PSV, pero graves incidentes en el hotel de concentración del Halle hizo que este se retirase de la competición. El Carl Zeiss Jena eliminó al Lokomotiv Plovdiv y al OFK Belgrado, cayendo en cuartos ante el Wolverhampton (0-1 y 0-3).

La siguiente temporada el SC Dynamo Dresden volvió a repetir campeonato en buena medida gracias a los goles de su delantero Hans-Jürgen Kreische (26 goles), siendo elegido mejor jugador de la temporada, y del centrocampista Hans-Jürgen Dörner (1951-2022). El equipo sajón batió el récord de goles anotados (61) hasta el momento. Entre los dos equipos descendidos se encontraba el 1 FC Union Berlin.

El 1 FC Magdeburg será el campeón de la Pokal al derrotar al 1 FC Lokomotive Leipzig por 3-2 en la final celebrada en el Paul-Greifzu- Stadion de Dessau.

En la Copa de Europa el Magdeburg tras eliminar al TPS Turku, cayó en octavos ante la Juventus perdiendo los dos partidos por 0-1. En la Recopa el Carl Zeiss Jena eliminó al Mikkatin cayendo en octavos ante el Leeds (0-0 y 0-2). En la Copa de la UEFA el Dynamo

Berlín cayó en dieciseisavos y el Dynamo Dresden cayó ante el Liverpool en octavos (0-0 y 1-3).

El año 1974 tendrá una gran importancia para el fútbol de la RDA; se ganó a la RFA en el partido del Mundial celebrado en la Alemania Occidental y el 1 FC Magdeburg se proclamará campeón de la Recopa. Ello significaba situar no solo al futbol, sino también al país, en el primer plano internacional.

El 1 FC Magdeburg fue también el campeón de la Oberliga de la temporada 1973/74 con la misma plantilla que Krügel venía trabajando temporadas atrás; solo el Carl Zeiss Jena le ofreció resistencia hasta casi el final de la temporada, cuyo jugador Bernd Bransch fue elegido mejor futbolista de la temporada. Entre los descendidos se encontraba el antiguo campeón Chemie Leipzig.

El Carl Zeiss Jena se proclamaría campeón de la Pokal celebrada en el Zentralstadion de Leipzig al imponerse por 3-1 al SG Dynamo Dresden.

En la Copa de Europa el SG Dynamo Dresden eliminó en dieciseisavos a la Juventus (2-0 y 3-2) y cayó en octavos frente al Bayern München (3-4 y 3-3). En la Recopa el Magdeburg eliminó al NAC Breda, Barnik Ostrava, PFC Beroc y en semifinales al Sporting Lisboa (1-1 en Lisboa y 2-1 en Magdeburg). En la final celebrada en el Stadion Feijenoord de Roterdam, el 1 FC Magdeburg se impuso al Milan por 2-0 con goles de Enrico Lanzi en propia puerta y de Wolfgang Seguin. El Magdeburg fue el único equipo de la RDA en conquistar un título europeo.

En la Copa de la UEFA el Lokomotive Leipzig llegará hasta semifinales donde fue eliminado por el Tottenham; mientras que el Carl Zeiss Jena cayó en dieciseisavos.

La RDA, tal como había pronosticado Buschner, se clasificó para el Mundial de 1974 que se celebró en la RFA. En su fase de clasificación quedó primera en un grupo con Rumania, Finlandia y Albania. En el sorteo de la fase de grupos del Mundial, cayó en el Grupo A donde se encontraban Australia, Chile y la RFA. La RDA se impuso a Australia por 2-0 y empató a uno con Chile.

El 22 de junio en el Volksparkstadion de Hamburg ante grandes medidas de seguridad se enfrentaban la RDA y la RFA; fue la primera vez que el himno de la RDA sonaba en la RFA. La alineación que Buschner presentó para el partido fue Jürgen Croy (Zwickau), Gerd Kische (Hansa Rostock), Bernd Bransch (Carl Zeiss Jena), Siegmar Wätzlich (Dynamo Dresden), Lothar Kurbjuweit (Carl Zeiss Jena), Reinhard Lauck (Dynamo Berlín), Hans-Jürgen Kreische (Dynamo Dresden), Harald Irmscher (Carl Zeiss Jena),Jürgen Sparwasser (Magdeburg) y Martin Hoffmann (Magdeburg); en el minuto 65entró Erich Hamann (FC Vorwärts Franfurt).

El partido transcurrió conforme a lo previsto con mayor dominio de la RFA que generó varias ocasiones detenidas por Croy. Al descanso se llegó con empate a cero y en la segunda parte poco a poco se fue igualando el partido, hasta que en el minuto 77 Sparwaser conseguía el gol que le daría el triunfo a la RDA. Esta victoria situaba a la RDA primera de grupo.

En la segunda fase del campeonato cayó en el Grupo A junto a Brasil, Países Bajos y Argentina, perdiendo con la selección carioca por 0-1, ante los neerlandeses por 2-0 y empatando a uno frente a los argentinos.

El triunfo frente a la RFA, más allá del ámbito futbolístico tuvo una importante repercusión política; era la victoria de la Alemania socialista frente a la capitalista que no reconocía su existencia.

La temporada 1974/75 vivió otro duelo entre el 1 FC Magdeburg, que se proclamaría campeón, y el Carl Zeiss Jena, en un campeonato más igualado. El Carl Zeiss fue líder durante muchas jornadas, hasta que al final del campeonato sufrió una pequeña crisis de juego y resultados que le llevó a la pérdida final del título. Entre los descendidos se encontraba el FC Hansa Rostock.

La final de la Pokal celebrada en el Stadion der Weltjugend de Berlín tuvo la sorpresa que una sociedad deportiva de empresa, en este caso el BSG Sachsenring Zwickau ganó al SG Dynamo Dresden. El partido terminó en empate a uno y se tuvo que llegar a la tanda de penaltis, en el que el Zwickau ganó (4-3).

En la Copa de Europa el Magdeburg pasó directo a octavos por sorteo, y cayó ante el Bayern München (3-2 y 1-2). En la Recopa el Carl Zeiss Jena eliminó al Slavia Praga en dieciseisavos y cayó en octavos ante el Benfica (1-1, 0-0). En la Copa de la UEFA tanto el FC Vorwärts Frankfurt como el Dynamo Dresden tuvieron un corto

recorrido; el Vorwärts cayó en los treintaidosavos ante el D. Ducadan y el Dynamo en dieciseisavos frente al Dinamo Moscú.

Las siguientes tres temporadas fueron de dominio del SG Dynamo Dresden que mantenía casi intacta su plantilla. En la de 1975/76 logró el campeonato casi sin ninguna dificultad ganando los partidos a sus rivales directos. Quedó en segundo lugar, si bien alejado del líder, el Dynamo Berlín que empezaba a configurar la plantilla que le haría campeón pocos años después con el mundialista Reinhard Lauck (1946-1997) que anteriormente había jugado en el Union Berlín, y los centrocampistas Wolf-Rüdiger Netz (1950) que marcó 112 goles en 265 partidos a lo largo de su carrera con los de Berlín (1974-1984), y el también centrocampista Hans-Jürgen Riediger (1955) que marcaría 105 goles entre 1973 y 1984. El Chemie Leipzig y el Energie Cottbus fueron los dos equipos descendidos. El mejor jugador de la temporada fue el centrocampista del 1 FC Magdeburg Jürgen Pommerenke.

El Lokomotive Leipzig fue el campeón de la Pokal al derrotar al FC Vorwärts Frankfurt por 3-0 en la final celebrada en el Stadion der Wetljugend de Berlín. En el equipo de Leipzig además de Frenzel, destacaban los defensas Günther Sekora (1950) y Andreas Roth (1956) y el extremo derecho Rainer Lisiewicz (1949) que posteriormente sería entrenador del club entre 2004-2009 y luego entre 2018-2019.

En la Copa de Europa el 1 FC Magdeburg cayó eliminado en dieciseisavos ante el Malmö (2-1, 2-1, cayendo en la tanda de penaltis). En la Recopa el BSG Zwickau alcanzará las semifinales tras eliminar al Panathinaikos, Fiorentina y Celtic, cayendo en semifinales ante el Anderlecht (0-3 y 2-0). En la Copa de la UEFA el Carl Zeiss Jena caerá en dieciseisavos frente al Stal Mielec, y el Dynamo Dresden caerá en cuartos frente al Liverpool (0-0, 1-2).

La selección de la RDA a pesar de su mejora de juego mostrada en el Mundial de 1974, no se clasificó para la fase final de la Eurocopa de 1976, al quedar segunda tras Bélgica en un grupo en el que también se encontraban Islandia y Francia.

En la siguiente temporada el SG Dynamo Dresden ganó la Oberliga y la Pokal. En el equipo aparecían ya el delantero Peter Kotte (1954) y el lateral derecho Mathias Müller (1954), que serían expul-

sados de la Oberliga y del fútbol en la RDA cuando fueron detenidos antes de partir con la selección olímpica por planear un intento de abandonar ilegalmente el país. Junto a ellos ya empezaba a destacar el central Udo Schmuck (1952), que jugó hasta 1985 en el equipo, y de 1996 a 1999 fue su entrenador.

El título en esta ocasión no fue tan sencillo para los de Dresden, que se encontraron con un buen FC Magdeburg que se había reforzado con el delantero del Hansa Rostock Joachim Streich (1951), que es considerado uno de los mejores futbolistas de la RDA. Tiene el récord de más partidos jugados y goles anotados con la selección, y el récord de conseguir 229 goles en 378 partidos de la Oberliga. Entre los dos equipos descendidos se encontraba de nuevo el FC Hansa Rostock que había ascendido esa temporada. El mejor jugador de la temporada fue el portero del BSG Zwickau Jürgen Croy.

El SG Dynamo Dresden le ganó la final de la Pokal celebrada en el Stadion der Weltjugend de Berlín al 1 FC Lokomotive Leipzig por 3-0.

En la Copa de Europa el SG Dynamo Dresden alcanzó los cuartos tras eliminar al Benfica y Ferencvaros y cayó eliminado ante el Zurich (2-1 y 3-2). En la Recopa el Lokomotive Leipzig caerá en dieciseisavos al caer eliminado por el Heart of Midlothian (2-1, 5-1). En la Copa de la UEFA el Dynamo Berlín no pasará de treintaidosavos, y el FC Magdeburg alcanzará los cuartos donde cae ante la Juventus (1-3, 1-0).

En su tercer campeonato consecutivo el SG Dynamo Dresden empezaba a dar síntomas de agotamiento del equipo debido a que sus principales estrellas o se retirarían esa temporada, como era el caso de Hans-Jürgen Kreische, y otras estaban en la treintena como Dieter Riedel y Gert Heidler. A pesar de ello el equipo mantuvo un dominio casi firme durante la temporada, y solo el FC Magdeburg les creó algún problema. Entre los descendidos de esa temporada se encontraba el FC Vorwärts Frankfurt (ex FC Vorwärts Berlin). El mejor jugador fue Hans-Jürgen Dörner del SG Dynamo Dresden.

El 1 FC Magdeburg se desquitó de no ganar la Oberliga al imponerse en la final de la Pokal al SG Dynamo Dresden por 1-0 en el Stadion der Weltjugend de Berlín.

El SG Dynamo Dresden caerá en octavos de la Copa de Europa ante el Liverpool (5-1, 2-1). En la Recopa el Lokomotive Leipzig alcanzará los octavos donde será eliminado por el Betis (1-1, 1-2). En la Copa de la UEFA el Carl Zeiss Jena caerá en cuartos ante el Bastia (7-2, 4-2) y el FC Magdeburg en la misma ronda ante el PSV (1-0, 4-2).

La selección tampoco pudo clasificarse para el Mundial de 1978 al quedar segunda tras Austria en un grupo en el que también se encontraban Turquía y Malta.

A partir de 1978 la Oberliga estuvo dominada hasta casi el final de la RDA por el Dynamo Berlín, con lo que se iniciaba un nuevo periodo en el fútbol de la RDA.

El fútbol femenino en la RDA se empezó a jugar a mediados de los años cincuenta, si bien no recibió mucho apoyo oficial. No será hasta 1968 cuando el estudiante búlgaro Wladimir Zwetkov consigue crear un equipo femenino de asociación de empresa en el BSG Empor Dresden-Mitte, jugando al siguiente año contra otro equipo recién creado el BSG Empor Possendorf.

En la ciudad de Dresden se funda en 1970 una liga de ocho equipos femeninos, y van creándose equipos y ligas en sociedades deportivas como el Chemie Leipzig, e incluso en clubes de desarrollo como el FC Karl-Marx-Stadt. Durante la década de los setenta se irán organizando numerosos equipos femeninos en prácticamente todos los distritos administrativos de la RDA, hasta la creación de una Oberliga femenina en 1979.

# CAPÍTULO IX

## RFA: EL DOMINIO DEL BAYERN Y LA REUNIFICACIÓN (1978-1990)

Los años anteriores a la reunificación alemana vivirán en la Bundesliga un dominio del Bayern, que si no fue absoluto, se le acercó bastante. En este periodo el equipo bávaro sufrirá una crisis económica que afectará a su rendimiento deportivo en contadas temporadas, pero creará una estructura deportiva, fundamentalmente económica, de la mano de Uli Hoenes, que sentará las bases para un Bayern dominador en los años venideros.

Si en la década anterior el principal rival del Bayern fue el Gladbach, quien entrará en una profunda crisis deportiva y económica, en estos años no tendrá un rival específico, y serán diferentes equipos los que le disputarán el título liguero.

El primero de ellos fue el Hamburg SV, quien en 1978 fichó a Günter Netzer como director deportivo. El equipo hanseático contaba ya por esas fechas con el jugador inglés Kevin Keegan (1951) apodado Mighty Mouse (Super Ratón), extremo derecho de gran calidad y velocidad, el centrocampista organizador de gran calidad en el juego ofensivo Felix Magath (1953), que posteriormente tendría una exitosa carrera como entrenador en el Hamburg, Stuttgart y Wolfsburg; con el portero Rudi Kargus (1952) especialista en parar penaltis, de ahí su apodo Elfmetertöter, y el defensa Manfred "Manni" Kaltz (1953), un lateral derecho de largo recorrido y que era conocido por sus centros que cogían un efecto de banana (Bananenflanken). Con 581 partidos es el segundo jugador con más

partidos en Bundesliga, y posee el récord negativo de más autogoles marcados (6). Netzer fichó a tres jugadores procedentes de 2 Bundesliga, el centrocampista del TSV 1860 München Jimmy Hartwig (1954), el defensa del Hannover 96 Bernd Wehmeyer (1952), y el delantero del Rot-Weiss Essen Horst Hrubesch (1951), un jugador de gran envergadura física y conocido por sus excelentes remates de cabeza, por lo que era conocido como Der Kopfball-Ungeheuer (La Bestia de los Cabezazos).

La otra decisión que tomó Netzer fue despedir al entrenador turco Özcan Arkoç (1939-2021) que había sido portero del equipo, y que fue el primer entrenador turco de la Bundesliga. Su intención era fichar a Ernst Happel, pero la negativa del presidente del club llevó al fichaje de Brando Zebec.

El trabajo en los despachos de Netzer dio sus frutos y el Hamburg SV se proclamó campeón en la temporada 1978/79 por encima del Bayern. Descendieron el 1 FC Nürnberg y el SV Daarmstadt 98, y en Relegation quedó el Arminia. El máximo goleador fue el delantero del Fortuna Düsseldorff Klaus Allofs (1956) con 22 goles.

La celebración del título estuvo marcada por el incidente del Block E del estadio del Hamburg, cuando en el partido frente al Bayern con victoria local que coronó campeón al equipo hanseático, las gradas se vinieron abajo provocando 71 heridos

En la final de la Pokal celebrada en el Niedersachsenstadion de Hannover el Fortuna Düsseldorff se impuso por 1-0 al Hertha Berlín.

En la Copa de Europa el 1 FC Köln alcanzó las semifinales cayendo eliminado ante el Notthingham Forest (3-3, 0-1). En la Recopa el Fortuna Düsseldorff llegó a la final que perdió frente al FC Barcelona (3-4). En la Copa de la UEFA el Stuttgart alcanzó los cuartos, mientras que Duisburg y Hertha llegaron a las semifinales. El Gladbach fue el campeón de la competición al ganar en la final al Estrella Roja (1-1, 0-1).

Esa temporada se inició en la RFA, al igual que en otras partes de Europa, el fenómeno del hooliganismo provocando graves incidente que acabarían con fallecidos. Grupos neonazis se infiltraron en los grupos de animación de los equipos de la Bundesliga y 2 Bundesliga. El primer fallecido fue un aficionado de 16 años del Werder Bremen en una pelea entre grupos skins del Hamburg. Estos grupos atacaban a ciudadanos y tiendas turcas de las localidades, y empleaban nombres nazis en sus denominaciones. El jefe del grupo Borussien-Front del Dortmund se apodaba SS-Siggi, un grupo del Eintracht Frankfurt "Adlerfront", y otro del Hertha "Zykon B".

El Bayern München fue el campeón en las dos siguientes temporadas, tras una temporada convulsa en la que el equipo destituyó al entrenador húngaro Gyula Lórant (1923-1981), que acababa de ser fichado del Eintracht Frankfurt donde había introducido la defensa zonal por encima de la defensa al hombre. Sus tácticas no cuajaron en München y fue sustituido por el también húngaro Pál Csernai (1932-2013) que más tarde sería entrenador del PAOK, Benfica, Dortmund y Hertha entre otros equipos. Csernai continuó y mejoró el sistema de Lórant de la defensa zonal introduciendo una mayor velocidad de balón y vocación ofensiva en lo que fue conocido como "Sistema Pal".

En el equipo empezaban a destacar jugadores como el centrocampista Branko Oblak (1947), y especialmente, el líbero Klaus "Auge" Augenthaler (1957) que jugó en el Bayern hasta 1991 y es considerado uno de los mejores líberos de la historia de Alemania.

La noticia negativa para el Bayern fue su crisis institucional derivada de la dimisión en 1979 de su presidente Wilhelm Neudecker tras negarse los jugadores a que fichase a Max Merkel, con fama de autoritario, tras la destitución de Lórant. Tras la salida de Neudecker se realizó una auditoría económica y el nuevo presidente Willi Hoffmann tuvo que reconocer la existencia de una deuda de tres millones de marcos. Esto lastró la política de fichajes del equipo, y la deuda no se subsanó hasta la venta de Rummenigge al Inter en 1984.

El nuevo presidente nombró a Uli Hoeness director de operaciones y finanzas para intentar remontar la economía del club. Hoeness tomó como referencia al Real Madrid por su capacidad de conseguir patrocinios e inversiones y aplicó una política más austera en los fichajes y fichas de los jugadores. Política que se mantendrá hasta la actualidad.

En la temporada 1979/80 el Bayern fue campeón con dos puntos sobre el Hamburg SV (50 a 48) y el máximo goleador fue Karl-Heinz Rummenigge con 26 goles. El Hertha jugó la Relegation y descendieron Werder Bremen y Eintracht Braunschweig.

En el Parkstadion de Gelsenkrichen el Fortuna Düsseldorff con Otto Rehhagel (1938), uno de los entrenadores alemanes que más títulos ha conseguido, en el banquillo, se impuso por 2-1 al 1 FC Köln.

En la Copa de Europa el Hamburg SV llegará a la final donde caerá frente al Nottingham Forest por 0-1. Por su parte el Fortuna Düsseldorff caerá en dieciseisavos de final de la Recopa frente al Rangers (1-0, 2-0).

La Copa de la UEFA fue de gran éxito para los equipos alemanes, ya que los cuatro clasificados alcanzaron las semifinales que jugaron entre ellos, cayendo el Stuttgart y el Bayern, y en la final el Gladbach se impuso al Eintracht Frankfurt (3-2, 1-0).

En la Eurocopa de 1980 celebrada en Italia, la selección de la RFA con Josef "Jupp" Derwall (1927-2007) quien había tomado las riendas de la selección tras la retirada de Schön luego del Mundial de 1978, se proclamó campeona, al vencer a Bélgica en la final por 2-1 con dos goles de Hrubesch;  siendo la primera selección europea en conseguir dos Eurocopas. En la selección jugaba el joven centrocampista del 1 FC Köln Bernd Schuster (1959) quien más tarde tendría una trayectoria en España como jugador y entrenador.

La siguiente temporada el Bayern tuvo menos problemas para conseguir el campeonato. En el equipo bávaro se habían incorporado el centrocampista Wolfgang Dremmler (1954) y el delantero Dieter Hoeness (1953) hermano de Uli Hoeness, especialista en los remates de cabeza.

El Hamburg SV por su parte tuvo varios problemas, entre ellos el alcoholismo de su entrenador Zebac, que motivó su cese y el fichaje para la siguiente temporada del austriaco Ernst Happel (1925-1992), exjugador del Rapid Wien y que había tenido una buena trayectoria en los banquillos del Feyenoord, el Sevilla y el Brujas. Permaneció en el Hamburg hasta 1987. Fue el primero de los cinco entrenadores en ganar la Copa de Europa con dos equipos diferentes (el resto son Carlo Ancelotti, Ottmar Hitzfeld, José Mourinho y Jupp Heynckes) y uno de los seis que han ganado campeonatos de liga en cuatro países diferentes. El estadio del Rapid lleva su nombre en su honor.

Al final de esa temporada el Hamburg sufrió la marcha de su estrella Kevin Keegan, pero la llegada de Franz Beckenbauer que volvía a la RFA tras su periplo en el New York Cosmos.

El máximo goleador volvió a ser Rummenigge con 29 goles. La Relegation la jugó el TSV 1860 München y descendieron el Schalke 04 y el Bayer 05 Uerdingen.

El Eintracht Frankfurt fue el campeón de la Pokal al imponerse en el Neckarstadion de Stuttgart por 3-1 al 1 FC Kaiserslautern, equipo en el que jugaba el defensa central Hans-Peter Briegel (1955) jugador de gran despliegue físico en todo el campo y difícil de superar. Más tarde jugaría en el Hellas Verona y la Sampdoria.

El Bayern alcanzó las semifinales de la Copa de Europa cayendo frente al Liverpool (0-0 y 1-1). En la Recopa el Fortuna Düsseldorff cayó en cuartos frente al Benfica (2-2 y 0-1). En la Copa de la UEFA el Hamburg, Stuttgart y Eintracht Frankfurt cayeron en cuartos, y el 1 FC Köln en semifinales.

En el plano organizativo la asamblea de la DFB del 7 de junio de 1980 aprobó la creación de una 2 Bundesliga en un solo grupo, ascendiendo los dos primeros y jugando la Relegation el tercero frente al antepenúltimo de la Bundesliga. Formato que se mantiene inalterado en la actualidad.

Un aspecto importante al inicio de la década de los ochenta fue la mayor profesionalización de los clubes, que fueron creando mayores estructuras para su funcionamiento y fichando a especialistas para dirigir y hacer funcionar distintos departamentos de los clubes, en áreas como la deportiva, financiera, prensa o social. Con ello también se fue produciendo un cierto alejamiento respecto a la masa social, que cada vez veían más el contacto con los jugadores solo a través de actos organizados por los equipos (firmas de autógrafos, ocasiones especiales, etc).

El Hamburg SV de Ernst Happel fue el campeón de las dos siguientes temporadas. El entrenador austriaco introdujo lo que se conocerá como "Fútbol Total" basado en un *pressing* total en todas

las áreas del campo, adelantando la defensa casi al medio del campo para provocar el fuera de juego del rival y acortar el espacio de ataque. El equipo que mantenía parte de sus jugadores se había reforzado con el portero Uli Stein (1954), el defensa Ditmar Jakobs (1953), el centrocampista Wolfgang Rolff (1959) y el delantero danés Lars Bastrup (1955).

En la primera temporada no tuvo rival y su delantero Horst Hrubesch fue el máximo goleador con 27 goles. La Relegation la jugó el Bayer Leverkusen y descendieron el SV Darmstadt y el Duisburg SV.

El Bayern se proclamó campeón de la Pokal al vencer en el Waldstadion de Frankfurt al 1 FC Nürnberg por 4-2.

El Bayern también sería finalista de la Copa de Europa, pero la perdió frente al Aston Vila por 0-1. En la Recopa el Eintracht Frankfurt caerá en cuartos frente al Tottenham (2-0, 2-1). En la Copa de la UEFA el Gladbach caerá en dieciseisavos, el Hannover en cuartos, el Kaiserslautern en semifinales, mientras que el Hamburg alcanzará la final que perderá frente al IFK Góteborg (1-0, 0-3).

En 1982 se celebró el Mundial en España. La RFA se encuadró en el Grupo B junto a Austria, Chile y Argelia. Perdió frente a Argelia 1-2, ganó a Chile 4-1, y ganó a Austria 1-0 en un resultado pactado que clasificaba a ambas selecciones. En el Grupo 2 se enfrentó a Inglaterra y España, empató a cero con los ingleses y ganó a España 2-1.

En semifinales frente a Francia empató a tres, clasificándose en la tanda de penaltis. Y en la final contra Italia perdió por 1-3.

La siguiente temporada el Hamburg SV tuvo un duro rival en el Werder Bremen; al final quedaron los dos con los mismos puntos (52) y ganó el Hamburg por la diferencia de goles. El máximo goleador con 23 goles fue el delantero del Werder Rudi Völler (1960) delantero centro muy potente y con gran técnica en el control del balón dentro del área, que jugó en el Werder de 1982 al 87 logrando 97 goles en 137 partidos. Más tarde jugaría en la Roma y el Bayer Leverkusen. Como entrenador ganó el Mundial de 2002, y ha sido director deportivo del Bayer Leverkusen.

La Relegation la jugó el Schalke 04, y descendieron el Karlsruher y el Hertha. La final de la Pokal la conquistó el 1 FC Köln dirigido por Rinus Michels (1928-2005) uno de los mejores entrenadores euro-

peos, creador del "Fútbol total", elegido en 1999 entrenador del siglo FIFA, y que había entrenado al Ajax y al FC Barcelona. En el equipo contaba con el delantero Klaus Allofs, junto a los centrocampistas Pierre Littbarski (1960) jugador hábil y buen regateador y Stephen Engels (1960). El equipo de Michels ganó al Fortuna Köln por 1-0 en el Müngersdorfer Stadion de Köln.

El Hamburg SV se proclamará campeón de la Copa de Europa al vencer a la Juventus por 1-0 con gol de Magath. En la Recopa el Bayern cayó eliminado en cuartos frente al Aberdeen (0-0, 2-3); mientras que en la Copa de la UEFA el Dortmund cayó en primera ronda, el Kaiserslautern alcanzó los cuartos y el Köln y Werder los octavos.

La temporada 1983/84 fue una de las más disputadas terminando campeón el VfB Stuttgart empatado a 48 puntos con el Hamburg SV y el Gladbach, siendo campeón por la diferencia de goles. El Stuttgart estaba entrenado por Helmut Benthaus (1935) exentrenador del FC Basel, que con este campeonato fue el primero en la Bundesliga en ganar un título como jugador (en 1964 con el Köln) y como entrenador. En el equipo destacaban el centrocampista islandés Ásgeir Sigurvinsson (1955) que había jugado una temporada en el Bayern, y el delantero Karl Allgöwer (1957).

El máximo goleador fue Rummenigge con 26 goles, y la Relegation la jugó el Eintracht Frankfurt, descendiendo el Kickers Offenbach y el 1 FC Nürnberg.

La Pokal celebrada en el Waldstadion de Frankfurt fue conquistada por el Bayern en la tanda de penaltis (7-6) tras acabar el partido y la prórroga empate a uno frente al Gladbach. El conjunto bávaro entrenado de nuevo por Uddo Lattek contaba en sus filas con el portero belga Jena-Marie Pfaff (1953), el centrocampista Michael Rummenigge (1964) hermano de Karl-Heinz, y el mediapunta danés Soren Lerby (1958). El conjunto de los Potros estaba entrenado por Jupp Heynckes y contaba con un joven Lothar Matthäus (1961), que esa temporada sería traspasado al Bayern, al mediapunta Uwe Rahn (1962), y al buen lateral izquierdo Michael Frontzeck (1964).

En la Copa de Europa el Hamburg SV cae en octavos frente al Dinamo Bucarest (3-0, 3-2). En la Recopa el FC Köln cae en octavos

frente al Ujpest Dózsa (3-1, 4-2). En la Copa de la UEFA Stuttgart y Werder caen en primeras rondas y el Bayern en octavos.

En la Copa Intercontinental, que por entonces se celebraba a partido único, el Hamburg SV perderá frente al Gremio de Porot Alegre por 1-2.

En 1984 se celebró la Eurocopa de Francia. La RFA se encuadró en el Grupo B junto a España, Portugal y Rumania. La selección tuvo un mal papel no pasando del empate a cero frente a Portugal, venció 2-1 a Rumania y perdió frente a España por 0-1, quedando por lo tanto eliminada. El mal desempeño de la selección llevó a que la DFB destituyese a Derwall y nombrase a Franz Beckenbauer seleccionador nacional.

Las siguientes tres temporadas el Bayern München se proclamó campeón de la Bundesliga. En la 84/85 fue segundo tras el Werder Bremen casi hasta el final del campeonato donde con una victoria sobre el Werder en su estadio (1-2) alcanzó el primer puesto que a la postre le daría el título. El máximo goleador fue Klaus Allofs con 26 goles; el Arminia jugó la Relegation y descendieron el Karlsruher y el Eintracht Brunswick.

A partir de la temporada 84/85 la final de la Pokal se jugará en el Olympiastadion de Berlín Occidental. En esta edición el Bayer 05 Uerdingen ganó de forma sorprendente al Bayern por 2-1. En el equipo del Bayer jugaban los hermanos Wolfgang (1958) y Friedhelm (1953) Funkel; el primero lo hacía como defensor, mientras que el segundo fue delantero y tuvo una carrera de entrenador en varios equipos como el Eintracht Frankfurt, Hertha y 1 FC Köln.

En la Copa de Europa el Stuttgart caerá en dieciseisavos frente al Levski Sofia (1-1, 2-2). El Bayern alcanzará las semifinales de la Recopa donde caerá frente al Everton (0-0, 1-3) y en la Copa de la UEFA Werder Bremen caerá en la primera ronda, el Köln en cuartos y el Gladbach en octavos.

En la temporada 1985/86 el máximo goleador fue el delantero del VfL Bochum Stefan Kuntz (1962), quien más tarde sería seleccionador sub 21 de Alemania, con 22 goles. El Dortmund jugó la Relegation, y descendieron el 1 FC Saarbrücken y el Hannover 96.

El Bayern ya había incorporado a su equipo a Lothar Matthäus (1961), y destacaban otros jugadores como los defensas Norbert

Eder (1955-2019) y Hans Pflügler (1960) y el delantero Roland Wohlfarth (1963).

En la final de la Pokal el Bayern se impuso por 5-2 a un VfB Stuttgart entrenado por Willi Entenmann (1943-2012), donde destacaban los defensas Karl Heinz Förster (1958) y Guido Buchwald (1961), y en especial el joven delantero Jürgen Klinsmann (1964) que tendría una prolífica carrera en Inter, Mónaco, Bayern y Tottenham entre otros, y fue seleccionador alemán (2004-2006) artífice del cambio de estilo de la selección, seleccionador de EEUU, y entrenador de Bayern y Hertha.

En la Copa de Europa el Bayern caerá en cuartos frente al Anderlecht (2-1, 2-0). En la Recopa el Bayer Uerdingen caerá en semifinales frente al At. Madrid (1-0, 2-3). En la Copa de la UEFA el Werder Bremen y el Hamburg caen en primera ronda, y el Gladbach en octavos; el 1 FC Köln llegará a la final que pierde frente al Real Madrid (5-1, 2-0).

La DFB tomará esa misma temporada una decisión de gran importancia para la economía maltrecha de muchos clubes alemanes, como fue el levantamiento de la prohibición de llevar publicidad en las camisetas de los futbolistas.

En 1986 se celebró el Mundial en México; la RFA quedó encuadrada en el Grupo E junto a Dinamarca, Uruguay y Escocia. Su trayectoria fue irregular ya que empató a uno frente a Uruguay, ganó a Escocia 2-1 y perdió frente a Dinamarca 1-3.

En octavos se impuso a Marruecos por 1-0 con gol de Matthäus; y en cuartos de final se clasificó en la tanda de penaltis tras un partido horrible frente a México. En semifinales jugó su mejor partido frente a Francia ganando 2-0 con goles de Brehme y Völler.

En la final se enfrentó a la Argentina de Maradona. Alemania jugó con mucho miedo ante el astro argentino y en poco tiempo los argentinos se pusieron con un 2-0 en el marcador (goles de Brown y Valdano), Rummenigge y Völler empataron el partido; sin embargo una jugada magistral de Maradona dejó el gol en bandeja a Burruchaga y el título a Argentina.

El Bayern campeón del 86/87 se convertía en el primer equipo de la Bundesliga en conseguir por segunda vez el título en tres años consecutivos, y superaba los nueve títulos del 1 FC Nürnberg. En el

apartado de fichajes el club bávaro incorporó esa temporada al defensa del 1 FC Kaiserslautern Andreas Brehme (1960) que permanecería dos temporadas en el club antes de fichar por el Inter.

En el aspecto económico Uli Hoeness tomó una decisión que sería de gran importancia de cara al futuro, y fue que los ingresos del club no fueran dependientes únicamente de la venta de entradas, al considerar que muy pronto los principales ingresos vendrían de los patrocinadores, la televisión y la publicidad estática en el estadio y en las camisetas, por lo que empezó a trabajar en ello, creando un departamento específico dentro del club. Con esta decisión se adelantaba a los tiempos y a todos los demás equipos de la Bundesliga, lo que le permitirá tener una economía más dinámica y menos expuesta.

El máximo goleador fue Uwe Rahn con 24 goles, el Homburg jugó la Relegation, y descendieron el Fortuna Düsseldorff y el Blau-Weiss 1890.

La Pokal la ganó en Hamburg SV al imponerse por 3-1 al Stuttgarter Kickers en el que fue el último partido de Ernst Happel en el banquillo de los hanseáticos.

El Bayern llegó a la final de la Copa de Europa donde acudió como favorito frente al Oporto, peo la perdió por 1-2. La final es famosa por el gol de tacón del argelino Rabah Madjer para los portugueses. En la Recopa el Stuttgart cayó en octavos frente al Torpedo Moscú (2-2, 3-5).

En la Copa de la UEFA el Werder Bremen cayó en primera ronda, el Bayer Leverkusen en dieciseisavos, el Bayer Uerdingen en octavos y el Gladbach en semifinales.

La temporada 1987/88 asistió al campeonato del Werder Bremen, equipo que había estado disputando en las dos últimas temporadas la liga al Bayern. El equipo hanseático estaba presidido por Franz Böhmert (1934-2004) desde 1970, quien se mantuvo en el cargo hasta 1999. Böhmert venía realizando una importante labor de modernización y de buena gestión económica durante varias temporadas. A su muerte la calle del Weserstadion pasó a llevar su nombre. En el apartado deportivo estuvo ayudado por Wilfried “Willi”Lemke (1946) que fue el responsable de los buenos fichajes y trabajo de la cantera. Más tarde trabajó en la ONU en temas deportivos.

El entrenador era Otto Rehhagel, y destacaban jugadores como Miroslav "Mirko" Votava (1950) defensor ex del Dortmund y Atlético de Madrid, el también defensor Michael Kutzop (1955), el delantero Manfred "Manni" Burgsmüller (1949-2019), y los fichajes para esa temporada del portero Oliver Reck (1965), del central Gunnar Sauer (1964), y del delantero Karl-Heinz Riedle (1965) que más tarde haría carrera en la Lazio, Dortmund y Liverpool.

El máximo goleador fue Jürgen Klinssman con 19 goles, el Waldhof Mannheim jugó la Relegation, y descendieron el Homburg y el Schalke 04.

El Bayern iniciará en este periodo su política de vender caro y fichar barato, fichando en los equipos que le hacían competencia. Su primera "víctima" fue el 1 FC Nürnberg, equipo con el que mantenía una rivalidad regional, fichando al lateral derecho Roland Grahammer (1963), y a los centrocampistas Hans Dorfner (1965) y Stefen Reuter (1966) que más tarde jugaría en la Juventus y Dortmund. Más tarde sería el Karslruher donde destaca el fichaje de Oliver Kahn (1969) quien ficha en 1990, y Stefan Effenberg (1968) procedente del Gladbach, uno de los mejores jugadores alemanes de la historia, con una gran calidad y toque de balón, y de gran carisma en el campo. En el apartado de las ventas, serán millonarias a equipos italianos con jugadores de la talla de Rummenigge, Matthäus, Brehme y Riedle.

En la final de la Pokal se impuso el Eintracht Frankfurt por 1-0 al VfL Bochum. En el equipo de las Águilas destacaba el centrocampista húngaro Lajos Détari (1963) y el defensa Manfred Binz (1965). El Bochum estaba entrenado por el exdelantero del equipo Hermann Gerland (1954) que más tarde trabajaría en el Bayern retirándose en 2017 como segundo entrenador del primer equipo.

En la Copa de Europa el Bayern caerá en cuartos frente al Real Madrid (2-3, 1-1). En la Recopa el Hamburg caerá en octavos frente al Ajax (0-1, 2-0). En la copa de la UEFA el Gladbach cayó en primera ronda, el Dortmund en octavos, y el Werder Bremen en semifinales eliminado por el Bayer Leverkusen que fue el campeón al imponerse al RCD Español. Los dos partidos terminaron 3-0 y se

impuso el equipo alemán en la tanda de penaltis. El Leverkusen entrenado por Erich Ribbeck (1937) que había entrenado al Gladbach, más tarde entrenaría al Bayern en varias ocasiones, y de nuevo al Leverkusen, contaba como jugadores más destacados al exdefensor del Hamburg Wolfgang Rolff, al centrocampista polaco Andrzej Buncol (1959), al coreano Cha Bum-kun (1953) ex del Eintracht Frankfurt, jugador con calidad y fuerte disparo, y al brasileño Milton Queiroz "Tita" que solo jugó esa temporada en el Leverkusen, y que se movía bien en la media punta con buen golpeo de balón en la larga distancia.

En 1988 se celebró la Eurocopa en la RFA. La selección estuvo encuadrada en el Grupo A junto a Italia, Dinamarca y España. Empató a uno con Italia, ganó a Dinamarca y a España 2-0 con lo que pasó a semifinales donde fue eliminada por los Países Bajos por 1-2.

El Bayern se proclamó campeón de la temporada 1988/89 en la que su máximo rival fue el 1 FC Köln entrenado por el carismático Christoph Daum (1953) quien como jugador no pasó del fútbol amateur, y que tras retirarse empezó a trabajar en las categorías inferiores del Köln hasta que fue nombrado entrenador del primer equipo en 1986. Daum inició la figura del entrenador mediático, tan conocido por sus intervenciones en medios como por su labor en el terreno de juego. Fueron famosas sus polémicas con Heynckes (entonces entrenador del Bayern), si bien este no entraba mucho al trapo. Más tarde entrenaría al Stuttgart, Leverkusen, y en equipos turcos, pero siempre fue acompañado de la polémica por sus declaraciones y forma de ser. En el equipo de las Cabras destacaba el defensa Jürgen Kohler (1965) quien al término de esa temporada ficharía por el Bayern, y posteriormente jugaría en la Juventus y el Dortmund.

El máximo goleador fue Roland Wohlfarth con 17 goles. Jugó la Relegation el Eintracht Frankfurt, y descendieron el Stuttgarter Kickers y el Hannover 96.

El Borussia Dortmund entrenado por Hörst Köppel (1948), contando en sus filas con el delantero Frank Mill (1958), el centrocampista Andreas Möller (1967), y el también centrocampista Michael Zorc (1962), una de las instituciones del club tras ser el tercer juga-

dor con más partidos disputados con su camiseta y estar vinculado en tareas de dirección deportiva; se impuso en la final de la Pokal por 4-1 al Werder Bremen donde destacaba el centrocampista Thomas Schaaf (1961) hombre que sigue hoy en día vinculado al club.

En la Copa de Europa el Werder Bremen cayó en cuartos ante el Milan (0-0, 0-1). El Eintracht Frankfurt no pasará de cuartos en la Recopa al caer ante el Mechelen (0-0, 0-1). En la Copa de la UEFA el Leverkusen caerá en la primera ronda, el Bayern alcanzará las semifinales, y el Stuttgart jugó la final frente al Nápoles de Maradona, perdiendo la misma por 1-2 y 3-3. En el equipo de Baden jugaba el centrocampista Maurizio Gaudino (1966) que más tarde tendría una larga carrera como entrenador.

La temporada 1989/90 estuvo marcada por los acontecimientos políticos que terminaron con la reunificación alemana. El 9 de noviembre de 1989 se abrió el Muro de Berlín; este acontecimiento significó en el fútbol la posibilidad de fichar jugadores de la RDA sin ningún tipo de problemas. El Bayer Leverkusen fue el primer equipo en fichar un jugador del este, concretamente fichó al delantero del Dynamo Berlín Andreas Thom por 4,8 millones DM. Sería el primero de una larga lista de jugadores que abandonaron los clubes de la RDA para fichar por equipos de la Bundesliga.

El campeón de esa temporada volvió a ser el Bayern München, quien en palabras de Uli Hoeness dejaba atrás el equipo con estrellas para basarse en el trabajo colectivo con jugadores como el portero Raimond Aumann (1963), y los centrocampistas Manfred Schwabl (1966) y Hans-Dieter Flick (1965), quien más tarde sería un exitoso entrenador del Bayern, y actualmente seleccionador nacional.

El máximo goleador fue el delantero noruego del Eintracht Frankfurt Jorn Andersen con 18 goles, convirtiéndose en el primer extranjero en ser el máximo goleador de la Bundesliga. El Bochum jugó la Relegation y descendieron el Waldhof Mannheim y el Homburg.

El campeón de la Pokal fue el 1 FC Kaiserslautern, que se impuso por 3-2 al Werder Bremen. En el conjunto del Kaiserslautern destacaban el defensa Franco Foda (1966) que será seleccionador de

Austria, el centrocampista Marius Schupp (1961) quien más tarde jugaría en el Bayern, y Hamburg entre otros; el delantero Bruno Labbadia (1966) que jugará en el Bayern y Köln, y tendrá una carrera como entrenador en el Hamburg, Leverkusen, Wolfsburg, Stuttgart y Hertha, y el delantero Thomas Dooley (1961) que jugó también en el Leverkusen y Schalke 04.

El Bayern alcanzó las semifinales de la Copa de Europa, donde cayó eliminado frente al Milan (1-0, 2-1). En la Recopa, el Dortmund cayó frente a la Sampdoria en octavos (1-1, 0-2). Mientras que en la Copa de la UEFA el Stuttgart caerá en octavos, el Hamburg en cuartos y el 1 FC Köln y el Gladbach en semifinales.

El Mundial de 1990 se celebró en Italia, Beckenbauer había seleccionado nuevos jugadores respecto a anteriores convocatorias entre las que destacaban el portero Bodo Illgner (1967) y los centrocampistas Thomas Hassler (1966) y Andreas Möller (1967).

La RFA quedó encuadrada en el Grupo D junto a Yugoeslavia, Colombia y Emiratos Árabes Unidos. El primer partido frente a Yugoeslavia la RFA se impuso por 4-1, goleó a EAU por 5-1 y empató a uno frente a Colombia.

En octavos de final se impuso a Países Bajos por 2-1, y en cuartos eliminó a Checoeslovaquia por 1-0. En semifinales empató a uno contra Inglaterra clasificándose en la tanda de penaltis. En la reedición de la final de 1986 frente a Argentina se impuso por 1-0 gol de Klinsmann de penalti, en una de las finales mundialistas con un peor juego que se recuerdan en la historia.

La consecución del título mundialista se vivió más allá del fútbol, ya que fue un acontecimiento nacionalista de primer orden, se celebró incluso en la RDA, como una reafirmación del poder alemán en el mundo. Se había terminado la *Stunde Null* (Hora Cero) alemana, y empezaba el tiempo alemán. Pocos meses después de la consecución del Mundial, concretamente el 3 de octubre de 1990, se producía la reunificación de Alemania.

El 19 de diciembre de 1990 en el Neckarstadion de Stuttgart la RFA jugó un amistoso contra Suiza donde ganó por 4-0. Este fue el primer partido de la selección alemana tras la reunificación.

El once estaba formado por Bodo Illgner, Thomas Berthold, Thomas Hassler, Thomas Helmer, Stefan Reuer, Matthias Sammer, Jür-

gen Kohler, Guido Buchwald, Rudi Völler, Lothar Matthaus, Jürgen Klinsmann. También jugó Andras Thom. Empezaban a asomar jugadores de la antigua RDA en la selección.

El fútbol femenino continuaba creciendo y la RFA celebró su primer partido internacional el 10 de noviembre de 1982 frente a Suiza. El conjunto entrenado por Gero Bisanz (1935-2014) exjugador y exentrenador del Bayer Leverkusen, que era responsable de la formación de profesores para la Universidad del Deporte dentro de la DFB, quien sería entrenador de la selección femenina hasta 1996, se impuso por 5-1, donde empezaba a destacar la joven centrocampista Silvia Neid (1964) que más tarde sería seleccionadora nacional entre 2005-2016 y que ha sido galardonada con el premio FIFA a la entrenadora del año en tres ocasiones (2010, 2013, 2016).

El fútbol femenino empezó a desarrollarse con fuerza en las zonas de Renania y Hesse, donde destacaban los equipos del KBC Duisburg y el FSV Frankfurt. El fútbol se desarrollaba todavía al nivel de Oberligas regionales, y en 1986 la DFB aprobó que se creara una Bundesliga femenina, cosa que no sucedió hasta 1989, poniéndose en marcha en 1990 con un total de 20 equipos divididos en dos grupos de diez.

El principal equipo durante estos años fue el TSV Siegen, que fue conocido como el Bayern München femenino, ya que alcanzó la mayoría de títulos y tenía las mejores jugadoras en sus filas.

En 1989 se jugó en la RFA la fase final de la Eurocopa femenina, donde se impuso la selección alemana al vencer en la final a Noruega por 4-1. Este hecho significó un fuerte impulso para el fútbol femenino en la RFA que se traducirá en la década de los noventa.

# CAPÍTULO X

## RDA: DYNAMO BERLIN Y EL FINAL (1978-1990)

La década de los ochenta fueron en la Oberliga sinónimo de domino indiscutible del Dynamo Berlín, que se proclamará campeón diez veces consecutivas, siendo el primer club alemán en conseguirlo. La racha la cortó el Dynamo Dresden que se coronó campeón en las dos últimas temporadas antes de la desaparición de la RDA.

El Dynamo Berlín, el llamado equipo de la Stasi, es el máximo exponente en la historia del fútbol germano oriental, de lo que ha sufrido la imagen de la RDA en la historia; se le han cargado mitos, medias verdades y se ha creado una imagen falsa del mismo para disminuir o poner en tela de juicio sus logros deportivos, señalando que sus victorias provenían no de ser mejor deportivamente que sus rivales, sino por cuestiones políticas por ser el equipo que representaba al régimen.

La visión negativa y llena de mitos, que no se atañen a la realidad histórica, se retrotraen hasta su creación. El equipo surge en 1949 cuando se crean las sociedades deportivas como el *Sportgemeninde Deutsche Volkspolizei Berlin*, sociedad que el 23 de marzo de 1953 cuando se crean las sociedades deportivas de empresas y se establecen en los llamados polos de desarrollo económicos, pasa a ser el SV Dynamo Berlín. En este momento ya la historiografía posterior a la caída de la RDA sitúa el primer mito. El equipo se

nutrió de varios, no todos, jugadores del Dynamo Dresden que había sido campeón la campaña anterior.

El mito señala que los jugadores fueron transferidos al Dynamo Berlín porque así lo ordenó la Stasi con el objetivo de que el equipo berlinés fuera campeón la siguiente temporada. Vayamos a los datos históricos, el equipo se formó con jugadores de la sociedad deportiva ya existente, de varios, pero repito no todos, jugadores del Dynamo Dresden, y del SG Aktivisten Postdam que también pertenecía a la Volkspolizei. El Dynamo Berlín no hizo nada que no hicieran otras sociedades deportivas esa temporada, como el ASK Vorwärts Berlin que se llevó a los jugadores del equipo de la Volkspolizei de Leipzig, o el Empor Rostock que se llevó al equipo entero del Empor Lauter. Pero el mito de la Stasi planea imparable, sin que se analice que todos esos cambios procedían de las directrices emanadas del Congreso del SED del año anterior.

Otro mito que se asocia a la creación del Dynamo Berlín y la llegada de jugadores del Dynamo Dresden, es que fue debido a una orden directa del Minister für Staatssicherheit (Ministro de Seguridad Interior) Erich Mielke (1907-200). Vayamos a la evidencia histórica; el Ministerio se creó en 1949 cuando se fundó la RDA, de 1949 a 1953, fecha en que se crearon las sociedades deportivas de empresa, el ministro fue Wilhelm Zaisser, y de 1953 a 1957 lo fue Ernst Wollweber, Mielke lo ocupó ese año hasta 1989; difícilmente podía ordenar como ministro algo si aún no lo era.

El mito más importante sobre el Dynamo Berlín es que ganaba porque Mielke, poderoso ministro de la Stasi, que controlaba todos los resortes del poder de la RDA y a quien todos debían guardar pleitesía, ordenó que el equipo fuera campeón, tomándose como prueba de ello los archivos de la Stasi.

Volvamos de nuevo a los datos históricos. Mielke como Ministro era al mismo tiempo presidente de la Sociedad deportiva de la Volkspolizei, al igual que quienes ostentaban la jefatura de las empresas estatales eran presidentes de las sociedades deportivas adscritas a ellas. Por esta razón también era presidente nominalmente del Dynamo Dresden (pertenecía a la Volkspolizei de la ciudad) y de otras sociedades deportivas similares; si bien delegaba en otros esa función y él solo mantuvo la del Dynamo Berlín. Según

el mito, con su poder el equipo berlinés tendría que haber ganado, si no todos, la mayoría de los títulos de la RDA; bien los datos históricos son que bajó dos veces a 1 Liga (segunda división), que solo ganó una Pokal antes de 1978, y no fue hasta la temporada 1978/79 cuando se proclamó campeón de la Oberliga. Resulta como mínimo curioso, que alguien a quien se le atribuye tanto poder, no ordenara mucho antes que el Dynamo Berlín fuese campeón de la Oberliga, y es más, que no impidiese que el equipo descendiese a la segunda división.

Es importante señalar que los llamados "archivos de la Stasi" utilizados para probar todo lo que se expone sobre el club, aparecieron muchos años después de la caída de la RDA; los agentes de la misma no los reconocieron, y con el paso del tiempo la gran mayoría de historiadores han determinado que son falsos; es más, en juicios celebrados ya en la RFA unificada no se admiten como pruebas porque nadie los considera válidos y verdaderos.

El mito del dopaje que ha planeado siempre en los éxitos deportivos de la RDA, también ha caído sobre el Dynamo Berlín, afirmando que los jugadores del equipo se dopaban. El tema del dopaje siempre es un arma de doble filo, ya que, por desgracia, fueron muchos los países que sufrieron este problema, incluidos la RFA, EEUU y España. En la RDA en 1988 el responsable del deporte, Manfred Ewald, fue detenido por la Stasi por dopaje de algunos atletas olímpicos, demostrando que el país luchaba contra esa lacra. Finalmente, nunca ha habido pruebas de que los jugadores del Dynamo se doparan.

En el desarrollo del capítulo iremos desmontando otros mitos más concretos que se han ido realizando sobre la historia del Dynamo Berlín.

La temporada 1978/79 fue la primera que venció el Dynamo Berlín, y su campeonato fue uno de los mejores de la historia de la Oberliga, tan solo perdió un partido, empató cuatro y ganó 21, consiguió 75 goles a favor y recibió 18. El equipo dirigido por Jürgen Bogs (1947), que formaba parte de la estructura del club desde 1970, y que se convirtió en primer entrenador en 1977, cargo que ocupó hasta 1989; estaba formado por algunos jugadores ya veteranos como el defensa Norbert Trieloff (1957) que jugo hasta 1987,

para luego jugar dos años en el Union Berlin; el también defensa Michael Noak (1955), los centrocampistas Franz "Tucker" Terletzki (1950) y Harmut Pelka (1957-2014), y la gran estrella del equipo, el centrocampista Lutz Eigendorf (1956-1983), que podía jugar en la posición de defensa líbero y que fue conocido como el Beckenbauer del Este por su calidad en la salida y pase del balón. Sobre este jugador se creó otro mito cuando, el 20 de marzo de 1979, en un amistoso jugado en Kaiserslautern abandonó la RDA. Eigendorf jugó dos temporadas en el 1 FC Kaiserslautern (1980-82) y no tuvo un papel destacado, además de tener problemas de disciplina, por lo que fue traspasado al Eintracht Braunschweig (1982-83). El 5 de marzo de 1983 tras un partido frente al Bochum y cenar en un restaurante, tuvo un accidente de tráfico y falleció. Los primeros indicios policiales señalaron que no hubo manipulación en el coche y que el accidente se debió a una distracción suya ya que superaba en poco el índice de alcoholemia. Sin embargo con el tiempo se hizo correr que no había sido un accidente, sino que había sido asesinado por la Stasi por orden de Mielke.

La huida de Eigendorf es cierto que provocó una fuerte reacción en Mielke, ya que era la estrella del equipo y de la selección, pero también estaba motivado porque el jugador al ser del Dynamo Berlín pertenecía a la Stasi, por lo que era conocedor de temas delicados sobre la seguridad interior, así pues era normal que se le vigilase por lo que pudiera informar. Tras la reunificación se abrió de nuevo el caso, y la Fiscalía General de la RFA dictaminó en 2004 que no hubo acción externa en el accidente, dando la razón a las primeras investigaciones del caso. Sin embargo hoy se sigue atribuyendo a la Stasi la muerte de Eigendorf sin tener en cuenta las evidencias históricas.

El descenso en esa temporada lo ocuparon el Chemie Bohlen y el FC Hansa Rostock. El mejor jugador fue el delantero del 1 FC Magdeburg Joachim Streich, que fue el máximo goleador con 23 goles.

La final de la Pokal celebrada en el Stadion der Weltjugend de Berlín la ganó el 1 FC Magdeburg que se impuso por 1-0 al Dynamo Berlín.

En la Copa de Europa el SG Dynamo Dresden llegó a cuartos donde cayó ante el Austria Wien (3-1, 0-1). El Magdeburg alcanzó los cuartos de la Recopa donde fue eliminado por el Banik Ostrava (1-2, 2-2). En la Copa de la UEFA el Dynamo Berlín cayó en primera ronda y el Carl Zeiss Jena en dieciseisavos.

En la siguiente temporada el título estuvo mucho más disputado entre el Dynamo Berlín y el Dynamo Dresden, que fue líder durante la mayor parte de la temporada, y que llegaron al último partido del campeonato con un punto por encima de los berlineses. En la última jornada se enfrentaban los dos en el estadio del Dynamo Berlín, Friedrich-Ludwig-Jahn Stadion, en el que se impusieron los berlineses por 1-0 con gol de Trieloff con lo que se proclamó campeón con un punto de diferencia sobre el Dresden.

Las plazas de descenso las ocuparon el 1 FC Union Berlín y el Chemie Leipzig. El mejor jugador fue el portero del Carl Zeiss Jena Hans-Ulrich Grapenthin.

El Carl Zeiss Jena fue el vencedor de la Pokal celebrada en el Stadion der Weltjugend de Berlín, al imponerse por 3-1 al FC Rot-Weiss Erfurt. En el equipo de Jena destacaba el centrocampista Lutz Lindemann (1949) jugador de gran clase en el manejo del balón.

En la Copa de Europa el Dynamo Berlin cayó en cuartos ante el Nottingham (1-0, 3-1). El FC Magdeburg alcanzó los octavos de la Recopa donde cayó eliminado por el Arsenal (1-2, 2-2). En la copa de la UEFA el Carl Zeiss Jena y el Dynamo Dresden fueron eliminados en dieciseisavos.

La temporada 1980/81 vivió un duelo entre Dynamo Berlín y Carl Zeiss jena, y como ocurrió en la temporada anterior se resolvió en el último partido, el Dynamo llegó con un punto de diferencia por encima (37 a 36), al partido que jugaban ambos en la cancha berlinesa donde se impuso el Dynamo por 2-1 consiguiendo su tercer título de forma consecutiva.

En el equipo berlinés que mantenía su columna vertebral, destacaban también los laterales Rainer Troppa (1958) y Arthur Ullrich (1957), y los centrocampistas Roland Jüngling (1957) que más tarde jugaría en el Hansa Rostock;  y Bernd Schulz (1960) que más tarde sería jugador del Union Berlin.

El descenso lo ocuparon el Stahl Riesa y el Chemie Bohlen. Hans-Ulrich Grapethin volvió a ser elegido jugador de la temporada.

La Pokal celebrada en el Stadion der Weltjugend el 1 FC Lokomotiv Leipzig se impuso por 4-1 al FC Vorwärts Frankfurt. En el equipo de Leipzig destacaban el centrocampista Lutz Moldt (1952) y el delantero Volker Grossmann (1953-2015) que podía jugar como extremo derecho y delantero centro con mucha movilidad y capacidad goleadora.

El Dynamo Berlín no pasó de octavos en la Copa de Europa al caer ante el Banik Ostrava (0-0 fuera y 1-1 en casa). El Carl Zeiss Jena llegó a la final de la Recopa donde fue derrotado por el Dinamo Tbilisi por 1-2. El gol alemán fue obra del centrocampista Gerhard Hoppe (1959). En la Copa de la UEFA el FC Magdeburg cayó en dieciseisavos y el Dynamo Dresden en octavos.

En enero de 1981 se produjo un hecho que alimenta el mito de la RDA como dictadura férrea. La selección olímpica iba a realizar una gira por países sudamericanos, y justo antes de despegar la Stasi detuvo a tres jugadores del SG Dynamo Dresden acusados de traición al país. Concretamente, fueron el centrocampista Gerd Weber (1956), el delantero Peter Kotte (1954) y el lateral derecho Matthias Müller (1954). Weber mantenía contactos con el 1 FC Köln para huir de la RDA una vez en Argentina, primer país a visitar, y fichar por el equipo de las Cabras a cambio de una gran ficha. Hay que recordar que el Dynamo Dresden también era un equipo de la policía y de la Stasi, y que los tres jugadores eran miembros de estas organizaciones. Weber fue juzgado y condenado a siete años y siete meses de prisión, se le liberó a los 11 meses, pero no pudo jugar más al fútbol. Kotte y Müller fueron expulsados del Dynamo Dresden y siguieron jugando en equipos de categorías inferiores.

El Dynamo Berlín fue claro dominador en la temporada 1981/82 en la que no tuvo rival, consiguiendo de este modo su cuarto título consecutivo. El descenso lo ocuparon el Energie Cottbus y el Chemie Buna Schkopau. El mejor jugador fue el centrocampista del Carl Zeiss Jena Rüdiger Schnuphase.

El SG Dynamo Dresden se impuso en la final de la Pokal, que se jugaría siempre en el Stadion der Weltjugend de Berlín Este, al

Dynamo Berlín en la tanda de penaltis (5-4) al acabar el partido y la prórroga 1-1. En el equipo sajón destacaban el centrocampista Andreas "Traudl" Trautmann (1959) y el delantero Ralf Minge (1960) que con 103 goles es el tercer máximo goleador de la historia del equipo. Más tarde trabajó en la estructura técnica del club y en las inferiores del Bayer Leverkusen.

El Dynamo Berlín caerá en octavos de la Copa de Europa frente al Aston Vila (1-2, 1-0). En la Recopa el Lokomotive Leipzig caerá en cuartos frente al FC Barcelona (0-3, 2-1). En la Copa de la UEFA el Carl Zeiss Jena y el Dynamo Dresden caerán en dieciseisavos.

La selección de la RDA no logró clasificarse para las fases finales de la Eurocopa de 1980 y del Mundial de 1982. Ese mismo año Georg Buschner dimitía como seleccionador por problemas de salud, y fue sustituido por Rudolf Krause (1927-2003) que poseía el título de pedagogo y profesor de deportes y se encontraba entrenando en las categorías inferiores de la selección.

El quinto título consecutivo del Dynamo Berlín conseguido en la temporada 82/83, supuso un récord único en la Oberliga al ser el primer y único equipo campeón que no perdió ningún partido, ganando 20 y empatando seis, con 72 goles a favor por solo 22 en contra. El descenso lo ocuparon el Chemie Bohlen y el Sachsenring Zwickau. El mejor jugador fue el delantero del FC Magdeburg Joachim Streich que fue el máximo goleador con 19 goles.

El FC Magdeburg se impondrá en la final de la Pokal al FC Karl-Marx-Stadt por 4-0. Junto a Streich destacaba en el Magdeburg el delantero Damian Halata (1962).

En la Copa de Europa el Dynamo Berlín fue eliminado en dieciseisavos por el Hamburg SV (1-1, 2-0). En la Recopa el Dynamo Dresden fue eliminado en dieciseisavos por el B93 (3-2, 2-1). En la Copa de la UEFA el Carl Zeiss Jena y el FC Vorwärts Frankfurt son eliminados en primera ronda.

Ante las decepcionantes actuaciones de la selección, que no se clasificó ni para la Eurocopa ni el Mundial, y la pobre actuación de los clubes en las competiciones europeas; en 1983 la DFV tomó la decisión de promocionar a los talentos jóvenes, permitiendo que los equipos juveniles de los clubes pudieran ascender a la 1 y 2 Liga (segunda y tercera división respectivamente), y se prohibió a partir

de 1984 la contratación de jugadores extranjeros en la 2 Liga (única competición en que podían ser inscritos). Se esperaba que estas disposiciones aumentasen el nivel del fútbol para el año 1989.

La temporada 1983/84 vivió un duelo entre Dynamo Berlín y Dynamo Dresden casi hasta el final de temporada, en el que los berlineses fueron más efectivos que los sajones, consiguiendo de este modo su sexto título consecutivo. En el equipo berlinés debutaban el centrocampista Rainer Ernst (1961) que fue el máximo goleador esa temporada, jugando más tarde en el 1 FC Kaiserslautern y en Francia, y el delantero Andreas Thom (1965) jugador con gran olfato goleador, y que será el primer jugador de la RDA fichado por un equipo de la Bundesliga, en 1989 por el Bayer Leverkusen, luego jugó en el Celtic y el Hertha.

Las plazas de descenso fueron para el Union Berlín y el HFC Chemie. El mejor jugador fue el delantero del SG Dynamo Dresden Hans-Jürgen Dörschner. En esta temporada el Carl Zeiss Jena tuvo una pobre actuación jugando con los puestos de descenso, lo que llevó al cese del histórico entrenador Hans Meyer que llevaba en el club desde 1971.

El SG Dynamo Dresden se tomó la revancha en la Pokal venciendo por 2-1 al Dynamo Berlín. En el equipo sajón destacaban los delanteros Frank Lippmann (1961) y en especial Torsten Gütschow (1962) que jugó 11 temporadas en el club logrando 104 goles, lo que le convierte en el máximo goleador de la historia del club.

El Dynamo Berlín no pasará de cuartos en la Copa de Europa donde caerá frente a la Roma (3-0, 2-1). En la Recopa el FC Magdeburg no pasará de dieciseisavos al caer frente al FC Barcelona (1-5, 2-0). En la Copa de la UEFA el Carl Zeiss Jena caerá en dieciseisavos y el Lokomotiv Leipzig en octavos.

La selección tampoco se clasificó para la fase final de la Eurocopa de 1984 y Krause fue destituido el 23 de septiembre de 1983, siendo sustituido por Bernd Stange (1948) que había trabajado en las categorías inferiores del Carl Zeiss Jena y de asistente de Hans Meyer, y seleccionador olímpico. Más tarde entrenaría al Hertha, y a la selección de Irak y Bielorrusia.

En la temporada 1984/85 el Dynamo Berlín dominó ampliamente el campeonato, siendo el máximo goleador con 90 goles a

favor y solo 28 en contra consiguiendo así su séptimo campeonato consecutivo. Las plazas de descanso fueron para el Chemie Leipzig y el Motor Stuhl. El mejor jugador del año fue el delantero del SG Dynamo Dresden Hans-Jürgen Dörner

El SG Dynamo Dresden fue el campeón de la Pokal al imponerse al Dynamo Berlín por 3-2. Esa temporada en el equipo sajón, entrenado por su ex estrella Klaus Sammer, ya empezaba a asomar la gran calidad del delantero Ulf Kirsten (1965) que es considerado uno de los mejores delanteros alemanes de la década de los ochenta; marcó 57 goles con el Dresden hasta 1990 cuando fichó por el Bayer Leverkusen, equipo en el que jugó hasta 2003. Logrando 181 goles, lo que le convierte en el séptimo goleador de la historia de la Bundesliga. Más tarde trabajará en el cuerpo técnico del Leverkusen.

En la Copa de Europa el Dynamo Berlin caerá en dieciseisavos frente al Austria Wien (3-3, 2-1). En la Recopa el SG Dynamo Dresden caerá en cuartos frente al Rapid Wien (3-0, 5-0). En la Copa de la UEFA el FC Vorwärts Frankfurt caerá en primera ronda, y el Lokomotive Leipzig en dieciseisavos.

El octavo título del Dynamo Berlín viene marcado por otro de los mitos que caen sobre el equipo, en este caso las ayudas arbitrales. El máximo adversario fue el Lokomotive Leipzig, que quedó al final a solo dos puntos (34-32). En el partido que enfrentó a ambos y que a la postre decidiría el título el Lokomotive iba ganando 1-0, cuando en el último minuto el árbitro Bernd Stumpf decretó penalti por derribo de Hans Richter a Bernd Schulz, lo que significó el empate a uno y que el Dynamo consiguiera el título. En su momento ya se generó polémica en la RDA, lo que llevó a la DFV a sancionar al árbitro con varios partidos sin arbitrar. En el año 2000 se revisó este partido con nuevas imágenes y se determinó que el penalti estaba bien pitado, pero se continúa señalando este partido como ejemplo que la Stasi obligaba a los árbitros a pitar a favor del Dynamo.

El descenso lo ocuparon el FC Hansa Rostock y el Sachsenring Zwickau. El mejor jugador fue el portero del Lokomotive Leipzig René Müller (1959)

En la final de la Pokal el FC Lokomotive Leipzig se impuso al Union Berlin por 5-1. En el equipo berlinés destacaban el defensa Oliver Reinhold (1964), el centrocampista Marco Rossdeutscher (1965) y el delantero René Unglaube (1965).

El Dynamo Berlín no pasará de dieciseisavos en la Copa de Europa al caer frente al Austria Wien (0-2, 2-1). El Dynamo Dresden caerá en cuartos de la Recopa frente al Bayer Uerdingen (2-0, 7-3); y en la Copa de la UEFA el Wismut Aue caerá en la primera ronda y el Lokomotive Leipzig en dieciseisavos.

La temporada 1986/87 el Dynamo Berlín obtiene su noveno título consecutivo sin que ningún equipo pudiera seguir su estela. En el equipo berlinés empieza a dar sus primeros pasos en la Oberliga el joven delantero Thomas Doll (1966) jugador de gran calidad en el área, que tras la reunificación fichará por el Hamburg SV y más tarde jugará en la Lazio y el Eintracht Frankfurt, y la llegada del delantero Frank Pastor (1959) del Chemie Halle, que fue el máximo goleador de la temporada con 17 goles.

El principal rival, aunque quedó lejos en la tabla, fue el SG Dynamo Dresden, que había sustituido a Klaus Sammer como entrenador por Eduard Geyer (1944) y que vio al final de temporada la retirada de su goleador Hans-Jürgen Dörner.

El Energie Cottbus y el Forstch Bischofswerda fueron los equipos descendidos, y el mejor jugador fue de nuevo el portero del Lokomotive Leipzig René Müller.

En la final de la Pokal el Lokomotive Leipzig se impuso por 4-1 al Hansa Rostock. En el equipo portuario destacaban los delanteros Volker Röhrich (1965) que entre 1983 y 1991 marcó 59 goles, fichando en el 91 por el Fortuna Köln y posteriormente por el Arminia Bielefeld, y Axel Kruse (1967) quien en 1989 pasó a la RFA jugando el Hertha, Eintracht Frankfurt y Stuttgart; actualmente es comentarista de televisión.

En la Copa de Europa el Dynamo Berlín cayó en octavos frente al Bromby (1-2, 1-1). El Lokomotive Leipzig llegó a la final de la Recopa donde perdió frente al Ajax con gol de Van Basten. En el equipo alemán entrenado por el antiguo defensa del equipo Hans-Ulrich Thomale (1944) destacaban el defensa Matthias Lindner (1965), los centrocampistas Hans Richter (1959) y Uwe Bredow (1961; y el delantero Olaf Marshall (1966) quien más tarde jugaría en el 1 FC Kaiserslautern.

La participación en la Copa de la UEFA fue muy pobre, cayendo el Magdeburg en primera ronda, y el Stahl Brandenburg en dieciseisavos.

A partir de 1986 se empiezan a producir problemas con determinados grupos de aficionados, tal y como ocurría en la RFA. Las normas para el público en la RDA eran estrictas: la afición visitante solo podía viajar el mismo día del partido; los viajes se debían realizar en grupos pequeños y estaba prohibido el alcohol en los estadios. Sin embargo a partir de esta temporada comenzaron a surgir grupos violentos que provocaban altercados en el tren, enfrentándose al personal ferroviario, lo que motivó que la Stasi crease un departamento propio para vigilar los trayectos, y detuvo a grupos de animación que escondían mensajes neonazis.

Esta situación fue empeorando a medida que pasó el tiempo, y algunos grupos de equipos como el Dynamo Dresden. Lokomotive Leipzig, FC Magdeburg y Hansa Rostock proferían gritos abiertamente nazis en los estadios. En algunos estadios como en el del Union Berlin algún grupo profería protestas contra el régimen, en concreto cuando se tiraba una falta directa se cantaba "Derriba el Muro"; en estos cánticos que no dejaban de ser minoritarios se ha construido el mito del Union como equipo de los contrarios al régimen; si bien como vimos sus dirigentes pertenecían al mismo.

Los cánticos contrarios al Dynamo Berlín eran constantes en muchos campos al ser el equipo dominador esos años y considerarlo el equipo del régimen por excelencia. Algunos grupos de animadores de los berlineses respondían con el cántico "¿Quién es nuestro Führer? Mielke". La situación empeoró a raíz de la caída del muro, y el último año de la RDA vivió escenas de peleas entre grupos ultras de diferentes equipos similares a las que ocurrían en el resto de Europa, la mayoría de ellas con demostraciones, ahora ya abiertamente, neonazis.

En 1987 se produjo la muerte de Karl Zimmermann (1932-1987), secretario general de la DFV desde 1983, siendo sustituido por Wolfgang Spitzner (1940-1997), que era presidente de la Asociación Deportiva del Ejército y vicepresidente de la DFV. Fue el encar-

gado de llevar a cabo la unión de la DFV con la DFB tras la reunificación, y quien criticó tras la misma la política deportiva de la RDA y los títulos del Dynamo Berlín, se supone para seguir en el cargo que le ofrecieron en la DFB.

El Dynamo Berlín obtuvo su décimo y último título de Oberliga en la temporada 1987/88, en competencia muy reñida con el FC Lokomotive Leipzig, quedando ambos con la misma puntuación (37), ganando los berlineses por la diferencia de goles. El descenso fue para el FC Vorwärts Frankfurt y el Stahl Riesa. El mejor jugador fue el delantero del Dynamo Berlin Andreas Thom que fue el máximo goleador con 20 goles.

El Dynamo Berlín conseguirá el doblete al imponerse en la final de la Pokal al Carl Zeiss Jena por 2-0.

En la Copa de Europa el Dynamo Berlín no pasará de dieciseisavos al caer frente al Girondins Burdeos (2-0, 0-2). En la Recopa el Lokomotive Leipzig caerá en dieciseisavos frente al Olimpique Marsella (0-0, 1-0). En la Copa de la UEFA el Dynamo Dresden caerá en la primera ronda y el Wismut Aue en dieciseisavos.

Las dos siguientes temporadas el campeón de la Oberliga fue el SG Dynamo Dresden. El equipo entrenado por Eduard Geyer contaba con veteranos como Dörschner y Reinhard Häfner (1952-2016), y con jóvenes que mostraban buena calidad de juego como el central Frank Lieberam 81962) que jugaría en el Wolfsburg, el centrocampista Ralf Hauptmann (1968), el delantero Uwe Kirchner (1965), y su gran figura el centrocampista Matthias Sammer (1967) jugador de gran calidad en el pase y control de juego, que ficharía tras la reunificación por el Stuttgart, más tarde por el Inter y el Dortmund, consiguiendo el Balón de Oro en 1996.

En su primera temporada como campeón no tuvo rival y su delantero Torsten Gütschow fue el máximo goleador con 17 goles, y su centrocampista Andreas Trautmann fue elegido el mejor jugador. En las plazas de descenso quedaron el Sachsering Zwickau y el Union Berlin.

El Dynamo Berlín consiguió la Pokal por segundo año consecutivo al imponerse en la final al FC Karl-Marx-Stadt por 1-0.

En la Copa de Europa el Dynamo Berlín cayó en dieciseisavos frente el Werder Bremen (3-0, 5-0). En la Recopa el Carl Zeiss Jena

cayó en octavos ante la Sampdoria (1-1, 1-3). En la Copa de la UEFA el Lokomotive Leipzig cayó en dieciseisavos y el Dynamo Dresden en semifinales frente al Stuttgart.

La selección no se clasificó para las fases finales del Mundial 1986 y la Eurocopa 1988, por lo que el seleccionador Bernd Stange fue destituido a principios de 1989 por Manfred Zapf (1946), desde el principio tuvo el rechazo de los jugadores que no le aceptaban por su carácter áspero y rudo. Tan solo estuvo seis partidos (13 febrero de 1989 a 20 mayo de 1989) con un saldo de dos derrotas, un empate y tres victorias.

Zapf fue sustituido por Eduard Geyer, quien ejerció simultáneamente su puesto de entrenador del Dynamo Dresden con la selección. Ganó contra Islandia (3-0) y la URSS (2-1) en sus primeros partidos. El balance total de Geyer fueron ocho victorias, dos empates y dos derrotas.

El partido que le enfrentó contra Austria para la clasificación del Mundial de 1990 y que perdió 0-3, celebrado el 15 de noviembre de 1989, puede considerarse el último oficial de la RDA. La alineación fue Dirk Heyne (Magdeburg) Dirk Stahmann (Magdeburg), Ronald Kreer (Lok Leipzig), Detlef Schüssler (Magdeburg), Matthias Linder (Lok Leipzig), Matthias Döschner (Dresden), Jorg Stübmer (Dresden), Matthias Sammer (Dresden), Rico Steinmaier (Karl-Marx-Stadt9, Andreas Thom (Dynamo Berlin). En el minuto 43 entró Andreas Thom (Dynamo Berlín) y en el 78 Uwe Weidemann (Erfurt).

La temporada 1989/90 estuvo marcada por los acontecimientos que darían lugar a la reunificación alemana. El 9 de noviembre se abría el Muro de Berlín, y en el fútbol significó la libre circulación de jugadores que podían fichar por equipos de la Bundesliga. El primero fue Andreas Thom al Bayer Leverkusen.

La Oberliga estuvo disputada durante todo el campeonato entre el Dynamo Dresden y el FC Karl-Marx-Stadt, terminando ambos al final de la misma empatados a puntos (36) ganando los de Dresden por la diferencia de goles. El descenso fue para el Wismut Auer y el Fortschr Bischofswerda. El mejor jugador fue el delantero del Dynamo Dresden Ulf Kirsten.

El Dynamo Dresden conseguiría el doblete al imponerse en la final de la Pokal al PSV Schwerin por 2-1.

En la Copa de Europa el Dynamo Dresden no pasó de dieciseisavos al caer frente el AEK Atenas (1-0, 5-3). En la Recopa el Dynamo Berlín cayó en octavos frente al Mónaco (0-0, 1-1). En la Copa de la UEFA el Hansa Rostock cayó en la primera ronda y el Chemmitzer en octavos.

El 12 de septiembre de 1990 la selección de la RDA debería haber jugado contra Bélgica el partido clasificatorio para la Eurocopa de 1992. El país ya prácticamente no existía, la reunificación se produjo el 3 de octubre de ese año. Como el partido ya estaba programado se jugó como un amistoso.

Geyer tuvo problemas para la convocatoria ya que la mayoría de jugadores que habían fichado por equipos de la Bundesliga se negaron a acudir, con lo que solo pudo completar una lista de 14 jugadores. Fue la última vez que el *Aufstanden Aus Ruinen*, el himno de la RDA sonó en un estadio de fútbol. En su último partido la RDA venció 0-2 con goles de Matthias Sammer.

La última alineación de la RDA fue Jens Schmidt, Heiko Peschke, Detlef Schossler, Jörg Schwake, Andreas Wagenhaus, Heiko Bonam, Matthias Sammer, Jorg Stubner, Darius Wosz, Uwe Rösler, Heiko Schulz. En el 65 entró Erich Hamann, y en el 85 Torsten Kracht.

La RDA desapareció en 1990, sin embargo a nivel del fútbol había que dilucidar que equipos de la Oberliga pasaban a formar parte de la Bundesliga. La solución fue que se disputase un último campeonato de la Oberliga en la temporada 1990/91. Se estableció que los dos primeros pasarían a jugar la Bundesliga, del tercero al sexto a la 2 Bundesliga, los dos últimos a la Regionalliga, y del séptimo al duodécimo jugarían un playoff de desempate con los dos campeones de los grupos de la Regionalliga (en las zonas de la RDA) que se estaban creando.

La gran mayoría de los equipos de la Oberliga habían perdido a sus jugadores principales fichados por equipos de la RFA; el Dynamo Berlín por ejemplo perdió dos plantillas completas, y otros equipos como el Magdeburg y el Carl Zeiss Jena algo similar. Ello provocó que muchos equipos jugasen con jugadores juveniles o provenientes de categorías muy inferiores.

El campeón de la última Oberliga fue el Hansa Rostock donde destacaba el delantero Henri Fuchs (1970), el segundo fue el Dynamo Dresden; por lo que ambos pasaron a la Bundesliga de la siguiente temporada. El Rot-Weiss Erfurt, HFC Chemie, Chemnitzer FC y Carl Zeiss Jena clasificaron para la 2 Bundesliga.

Energie Cottbus y Viktoria Frankfurt bajaron a Regionalliga directamente. Tras los playoff permanecieron en 2 Bundesliga Stahl Brandenburg y Lokomotive Leipzig y descendieron a Regionalliga Eisenhüttenstädt Stahl, FC Magdeburg, Dynamo Berlin y Sachsen Leipzig.

El Hansa Rostock fue también el último campeón de la Pokal de la RDA celebrada en el Friedrich-Ludwig-jahn-Sportpark de Berlín al imponerse por 1-0 al Eisenhüttenstádter FC Stahl. El mejor jugador de la última temporada de la Oberliga fue el delantero del Dynamo Dresden Torsten Gütschow

Los equipos de la RDA jugaron competición europea por haberse clasificado la temporada anterior. En la Copa de Europa el Dynamo Dresden cayó en cuartos frente al Estrella Roja (3-0, 0-3). En la Recopa el PSV Schwerin cayó en dieciseisavos frente al Austria Wien (0-2, 0-0); y en la Copa de la UEFA FC Karl-Marx-Stadt y Chemnitzer cayeron en primera ronda, y el Magdeburg en dieciseisavos.

En cuanto al fútbol femenino a partir de 1980 se creó un campeonato regular donde se enfrentaban los 14 campeones de los campeonatos regionales. El tornero se celebraba en Berlín y el campeón era proclamado Meister de la RDA. El primer campeón femenino fue el BSG Motor Mitte Karl-Marx-Stadt.

En 1981 se fundaron 360 equipos femeninos, la mayoría de ellos en los distritos de Dresden, Karl-Marx-Stadt, Rostock y Postdam; y en 1987 se crea la *Deutsche Frauen Demokratik Pokal* (Copa de Mujeres Democráticas alemanas).

Finalmente, en 1987 se crea un campeonato nacional con dos grupos (Norte y Sur); los dos campeones de cada grupo jugaban una final. El equipo que más títulos ganó fue el BSG Turbine Postdam (actual 1 FFC Turbine Postdam) entrenado por Bernd Schröder (1942) con jugadoras como Sabine Seidel (1956) y Sybille Brügdam (1956).

Al igual que el campeonato masculino, en 1990/91 se jugó un último campeonato para determinar qué equipos pasaban a la Bundesliga. Se clasificaron para la Bundesliga el HSG Jena y el FC Wismut Aue, mientras que caían a la Regionalliga BSG Turbine Postdam, Hansa Rsotock, Wismut Chemnitz, SG Motor Halle, SV Johannstadt 90, Union Berlin y SG Magdeburg.

En 1989 la revista *Fussballwoche* con motivo del cuarenta aniversario de la fundación de la RDA escogió el once ideal hasta la fecha, teniendo en cuenta que desapareció meses después, podría ser el once ideal de su historia: portero Jurgen Croy (Zwickau); defensas: Bernd Bransch (Carl Zeiss Jena), Hans-Jürgen Dörner (Dynamo Dresden), Klaus Urbanczyk (Chemie Halle), Konrad Weise (Carl Zeiss Jena); centrocampistas: Dieter Erler (F Karl-Marx-Stadt), Manfred Kaiser (FC Karl-Marx-Stadt), Jürgen Nöldner (FC Vorwärts Berlin); delanteros: Peter Ducke (Carl Zeiss Jena), Joachim Streich (Hansa Rostock, FC Magdeburg), Günther Schröter (Dynamo Berlin); entrenador: Georg Buschner (Carl Zeiss Jena, seleccionador RDA). El máximo goleador de la Oberliga fue Joachim Streich (Hansa Rsotock y Magdeburg) con 229 goles. El jugador que más partidos jugó fue Eberhard Vogel con 440 partidos entre 1962-1982 en el FC Karl-Marx-Stadt y el Carl Zeiss Jena.

# EPÍLOGO

## FÚTBOL ALEMÁN, TREINTA Y DOS AÑOS DESPUÉS

Han pasado casi treinta y dos años desde la reunificación de Alemania, tiempo suficiente para hacer un pequeño análisis de lo que significó en el fútbol alemán, y más en concreto en los clubes de la antigua RDA.

La reunificación para los clubes de la RDA, al igual que para sus ciudadanos, no significó la vida de vino y rosas que se prometió, no llegó la alegría, ni la felicidad, lo que llegó fue el capitalismo en su forma más salvaje; de la noche a la mañana todas las leyes y derechos establecidos por el gobierno comunista desaparecieron de un plumazo, y con ello se establecieron las normas capitalistas en el mundo laboral, económico y social.

Esto se tradujo en el fútbol de la antigua RDA en la casi desaparición de los clubes, muchos de ellos lo hicieron, a partir de ese momento tenían que contar con un presupuesto importante para poder competir, poder pagar a jugadores de nivel y crear unas infraestructuras adecuadas a lo que se solicitaba en la Bundesliga; todo ello con capital privado, que a la vista de lo poco rentables que eran esos clubes, no participó con alegría, más bien no participó. Al igual que la Treuhand (sociedad del gobierno de la RFA que gestionó las empresas de la RDA), entró como un caballo en una cacharrería mal vendiendo las empresas germanos orientales, los clubes de la RFA se llevaron a todos los jugadores de nivel de la RDA.

Tras treinta y dos años la participación de los clubes de la RDA en la Bundesliga ha sido anecdótica, tal como han llegado se han ido, los casos de Hansa Rostock, Dynamo Dresden, Carl Zeiss Jena y Energie Cottbus lo demuestran, tan solo el Union Berlin ha conseguido mantenerse y tener actuaciones brillantes, llegando a competiciones europeas. El resto de clubes o son equipos ascensor entre 2 y 3 Bundesliga o directamente malviven en Regionalliga y con escasas posibilidades de ascender. Tampoco hay jugadores nacidos en los Lander de la antigua RDA poblando las principales plantillas de los equipos alemanes y de la selección, el último ha sido Tony Kroos. Ejemplo claro de cómo se mueve el fútbol en aquellas zonas.

El negocio del fútbol, entendido como fábrica de dinero, llegó sin freno a la RDA, pero también a la antigua RFA, y como en otros países europeos se inflaron presupuestos y fichajes, se quiso vivir de la televisión y estalló la burbuja del medio Kirsch que se llevó por delante muchos equipos; malas praxis, junto a la llegada de empresarios poco recomendables que han llevado a históricos a caer en la 2 Bundesliga, caso de Hamburg, Schalke 04, y otros.

Hoy el fútbol en la RFA reunificada tampoco es el mismo que en la RFA anterior; el dinero y el negocio priman por encima de todo, aunque se han impuesto medidas de control, como la ley 50+1, y mayor control presupuestario, se han introducido excepciones que permiten ir capeando las mismas, y surgen voces para eliminarlas o reformarlas, con lo que es posible que con el tiempo desaparezcan.

El fútbol alemán transita, pues, en un camino que puede llevarle a ser más similar al de otros países de su entorno, quizás más controlado, pero donde los aficionados irán teniendo menos peso y el dinero más. Son los signos de los tiempos.

La RDA desapareció y con ella su fútbol, ya no queda nada de ambos salvo en la memoria de los que los vivieron, los clubes que pertenecieron a ella hacen lo posible por alejarse de su recuerdo, y por ironías de la historia un estado que se creó teniendo como base el antifascismo, hoy gran parte de sus antiguos clubes muestran importantes grupos neonazis en sus filas, acorde con la situación en la que se encuentran los antiguos territorios de la RDA.

Sobre la RDA y su fútbol se ha tejido un relato de mundo gris, infeliz, corrupto y en especial de fracaso general. Es posible que fracasase, no lo creo, pero no toca aquí explicarlo, no obstante como antiguo ciudadano de la RDA, no puedo, ni quiero olvidar, las palabras de Erich Honecker (1912 1994) Secretario General del SED y Presidente del Consejo de Estado de la RDA (1976-1989) en su juicio cuando afirmó: "Fue un experimento que fracasó. Pero la humanidad no ha abandonado jamás la búsqueda de nuevas verdades y caminos a causa de un experimento fracasado".

La RDA mostró que otro fútbol era posible, sin grandes sueldos, primas millonarias y negocios para los de siempre. Quisiera terminar el libro con la esperanza que otro fútbol, y por qué no otro mundo, es posible.

# SOBRE EL AUTOR

José Miguel Villarroya es doctor en Historia Contemporánea por la Universidad de Barcelona y de la Freie Universität Berlin. Licenciado en Filosofía y Teología. Periodista deportivo especializado en Bundesliga en el diario *AS*, Vip deportivo y Dosis futbolera; colaborador en Cadena SER, Gol TV, RTVE, Radio Marca y otros medios. Es autor de L*a Cataluña del Real Madrid*.

www.ingramcontent.com/pod-product-compliance
Ingram Content Group UK Ltd.
Pitfield, Milton Keynes, MK11 3LW, UK
UKHW041829200726
13854UKWH00002BA/889

9 789878 943022